मैं अक्सर सोचता हूं

स्लो इंप्रिंट की अन्य किताबें

गाँव से बीस पोस्टकार्ड

जंगली फूलों सी लड़की

कालजयी: कहानियां वेदों पुराणों से

मैजिक बॉक्स

नीलेश मिसरा की दुनिया से जुड़ने के लिए
स्कैन करें नीचे दिया गया QR कोड

नीलेश मिसरा

मैं अक्सर सोचता हूँ।

ढेर सारा प्यार!

— नीलेश मिसरा

eka | SLOW IMPRINT

Published in Hindi as *Main Aksar Sochta Hoon* in 2024 by Eka, an imprint of Westland Books, a division of Nasadiya Technologies Private Limited, in collaboration with Gaon Connection Pvt. Ltd

No. 269/2B, First Floor, 'Irai Arul', Vimalraj Street, Nethaji Nagar, Alapakkam Main Road, Maduravoyal, Chennai 600095

B-36, First Floor, Flat No. 2, Panchsheel Vihar, Malviya Nagar, Behind Community Centre, New Delhi 110017

Westland, the Westland logo, Eka and the Eka logo are the trademarks of Nasadiya Technologies Private Limited, or its affiliates.

The Slow Imprint is a publishing initiative by Gaon Connection Pvt. Ltd

ISBN: 9789360452544

10 9 8 7 6 5 4 3 2 1

This is a work of fiction. Names, characters, organisations, places, events and incidents are either products of the author's imagination or used fictitiously.

Typeset by Digiultrabooks Pvt. Ltd

Printed at Thomson Press (India) Ltd

मेरी पत्नी और सबसे अच्छी मित्र, यामिनी के लिये।

विषय-सूची

मेरा सफ़र ...

पहली बार अपने लिखे गीत और कविताएँ किताब की शक्ल में आप तक ला रहा हूँ। अब तक फ़िल्मों में ही गीत लिखे हैं, इसलिए कविता की दुनिया में एक नए स्टूडेंट के क्लास में पहली बार आने का एहसास हो रहा है। अपनी कमियाँ भी पता चलीं। शब्दों से हमेशा से नाता रहा है, लेकिन पत्रकारिता, फ़िल्मी गाने, किताबें लिखने में कविताएँ न लिख पाया और न छपवा पाया।

चालीस से ज़्यादा फ़िल्मों में गीत लिखे। लेकिन फ़िल्मों में गीत लिखना अच्छा लेखक होने की गारंटी नहीं होता। और वैसे भी, फ़िल्मी गाने लिखना यश तो देता है पर फ़िल्म में किसी भी गीतकार के लिए कई बेड़ियाँ रहती हैं जैसे – सीन की सिचुएशन, पात्रों की बुनावट, संगीत निर्देशक की पहले से दी गई धुन (जी हाँ, फ़िल्मों में पहले धुन दी जाती है फिर उस पर लिखा जाता है)। ये बेड़ियाँ मैंने भी पहनीं, लेकिन हमेशा कोशिश की कि मेरे फ़िल्मी गानों में भी कहीं न कहीं कविता और स्टोरीटेलिंग ज़िंदा रहे।

ख़ैर, ये सब बहाने हैं, मेरी तरकीब है कि कविता की पहली किताब लेकर आए इस नए स्टूडेंट को आप स्नेह दें। किताब कैसी लगी, आप बताइएगा, अगली किताब में बेहतर करने की कोशिश करूँगा। और मेरी

आवाज़ में इन गीतों, ग़ज़लों और कविताओं को सुनना चाहें तो मेरी वेबसाइट पर चले आइएगा। मेरी वेबसाइट का पता है www.neeleshmisra.com और आलसी दोस्तों के लिए किताब में QR कोड भी दिया गया है।

कविता और गीतों का शौक मुझे अपनी माँ से मिला। उन्होंने संगीत कभी विधिवत सीखा नहीं, लेकिन गाती बहुत अच्छा थीं। पड़ोस में जब भी कोई जन्मदिन की पार्टी या मांगलिक कार्य होते थे, तो वो ढोलक बजा कर गाती थीं और हमेशा महफ़िल की शान होती थीं। न उन्होंने संगीत सीखा, न मैंने, और इन दोनों चीज़ों का मुझे बहुत मलाल है।

लेकिन बचपन से गीतों को सुनने और फिर गुनगुनाने से एक फ़ायदा हुआ जो बड़े होने पर तब समझ आया जब फ़िल्मी गाने लिखने की शुरुआत हुई: मुझे मीटर में लिखना, गाने की मात्राओं का ध्यान रखना, बचपन से आने लगा।

मीटर क्या बला थी, मुझे नहीं पता था। लेकिन कई साल बाद एक बार जब मैं बंबई में था, और जतिन-ललित (जो म्यूज़िक कंपोज़र के रूप में उस समय एकदम शीर्ष पर थे) से मिला तब तनुजा चंद्रा एक फ़िल्म बना रही थीं और उसमें गीत लिखना था। मैं जो लिख कर गया था, वो जतिन जी की दी हुई धुन पर आधारित था। उन्होंने शब्द पढ़े, गुनगुनाए, कुछ देर सोचा और बोले, "वाह, एकदम मीटर में लिख लेते हैं आप!" अब ये तारीफ़ थी, ये तो झलक रहा था लेकिन ये मेरी किस चीज़ की तारीफ़ कर रहे थे, मुझे नहीं समझ आया। मैं मुस्कुरा दिया। बहुत बाद में समझ आया कि किसी धुन में हर पंक्ति में शब्द ज़्यादा या कम न हों, संगीत के हिसाब से फ़िट बैठें, एक अक्षर भी इधर-उधर न हो ताकि सरलता से गाया जा सके और कोई वाक्य गाते समय अटके नहीं, इसको मीटर कहते हैं।

मेरे परिवार में साहित्य का कोई माहौल नहीं रहा है। कोई लेखक नहीं। कोई कवि नहीं। कोई गायक नहीं। कोई संगीतज्ञ नहीं। अध्यापकों का

ख़ानदान है। मेरे पिता भूगर्भवैज्ञानिक रहे हैं जिन्होंने पत्थर, पहाड़, फ़ॉसिल की दुनिया समझने और शिक्षक के रूप में उसके बारे में छात्र-छात्राओं को बताने में अपना जीवन बिताया है। उनके स्टूडेंट्स उन्हें 'पत्थर के सनम' कहकर बुलाते थे। लेकिन इस पत्थर से भी एक बार कविता फूट पड़ी थी। जैसे पथरीली धरती पर एक ज़िद्दी पौधा खिल जाता है, वैसे ही एक बार लेखन से दूर-दूर तक कोई वास्ता न होते हुए भी मेरे पिताजी ने एक कविता लिखी थी। रायपुर में वो अकेले थे, मम्मी गाँव का स्कूल संभालने लखनऊ चली गई थीं और पापा ने अपनी डायरी में एक गीत लिखा:

मेरी ज़िन्दगी भी कोई ज़िन्दगी है
अकेला मुसाफ़िर चला जा रहा हूँ ...

'पत्थर के सनम' ने एकदम परफ़ेक्ट मीटर में लिखा!

मैंने भी पत्थर पर कुछ पौधे खिलाए हैं। अब इनसे चुने हुए फूल आपके हाथों में हैं।

नीलेश मिसरा
28.9.2024

फ़क़ीरा

पागल-पागल फिरे फ़क़ीरा
रेत में देखो ढूँढ़े हीरा
जोगी कोई मंतर-जंतर
फूँके तो कम होवे पीरा
पागल-पागल फिरे फ़क़ीरा

कभी सदियाँ, कभी लम्हा,
कभी मुश्किल, कभी आसाँ
कभी रूठी, कभी झूठी,
कभी पूरी, कभी टूटी
कभी जुगनू, कभी तारा,
कभी कम-कम, कभी सारा
है बोले ज़िन्दगी मीठा,
पर इसका स्वाद है खारा

रत्ती-रत्ती माशा-माशा
तिनका-तिनका टूटी आशा
भोले हैं हम, समझ न पाए
दुनिया का ये खेल तमाशा
ख़ुद को तोड़ा, ख़ुद को बनाया
ख़ुद को रंगा, ख़ुद को सजाया
ख़ुद का साँचा फोड़ दिया है
ख़ुद को फिर से जोड़ लिया है

मैं रंगरेज़, कुम्हार भी मैं हूँ
नफ़रत मैं हूँ, प्यार भी मैं हूँ
मुझमें सारा सत्य बसा है
कण भी मैं, संसार भी मैं हूँ
पुनरजनम की रस्म करेंगे
रूह को अपनी भस्म करेंगे
मरघट में भी फूल खिलेंगे
ऐसा कोई तिलस्म करेंगे

मन है कलंदर, मन है जोगी
मन जो चाहे, मन की होगी
फिर क्यूँ मन ने झूठ को पूजा
दुःख तकलीफ़ें सारी भोगीं?
मन कठपुतली, मन है खिलौना

ले फिरता रिश्तों का बिछौना
धूप का टुकड़ा, याद का कोना
आँसू चाँदी, दर्द है सोना
आँखों में ये झाँक रहा है
मन का गड़रिया हाँक रहा है
अमृत बेचा करता था ये
ज़हर की पुड़िया फाँक रहा है
फेंक मुखौटा, चेहरा देखा
भेस है बदला धीरा-धीरा
टूटे लफ़्ज़ों को जोड़ा है
अब कविता कर लेगा कबीरा

पागल-पागल फिरे फ़क़ीरा
रेत में देखो ढूँढ़े हीरा
जोगी कोई मंतर-जंतर
फूँके तो कम होवे पीरा
पागल-पागल फिरे फ़क़ीरा

पुराने ख़त

पुराने ख़त मिले हैं आज घर में
दीये से जल गए हैं खंडहर में

कोई ख़त शाम की दुल्हन का मंज़र
कोई पन्ना झुलसता दोपहर में
है कुछ लम्हों में सारी उम्र जी ली
बरस कितने गुज़ारे रात भर में

सुबह ऐसे दबे पाँव है आई
कोई ज्यों देर से लौटा हो घर में
ये सन्नाटा हमें फिर पूछता है
हुआ गुम हमसफ़र कैसे सफ़र में?

बहकता बावरा बादल जो गुज़रे
तो अपने आसमाँ को देख लेना
किसी पागल हवा का भेस धर के

कभी हम आएंगे तेरे शहर में
पुराने ख़त मिले हैं आज घर में
दीये से जल गए हैं खंडहर में

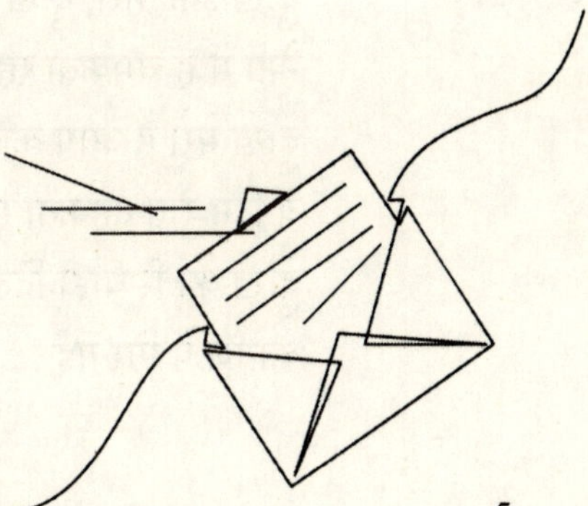

दुःख के रंग कई

दुःख के रंग कई
हँस के हमने गले लगाई
हर इक पीर नई
दुःख के रंग कई

दुःख है फ़क़ीर भटकता रहता
दिल की गलियाँ तकता रहता
दुःख इक आशिक़ प्यार में मेरे
ये ना होता तो क्या रहता
दुःख इक तारा, दुःख इक सूरज
नैनों में है चमकता रहता
दुःख मेरा है आग का टुकड़ा
ये दिन-रात दहकता रहता
दुःख की सियाही दिल के कोरे
काग़ज़ पे गिर गई

दुःख के रंग कई
हँस के हमने गले लगाई
हर इक पीर नई
दुःख के रंग कई

दुःख चुप रहता, कितना कहता
दुःख दुःख देके कितना सहता
दुःख चुभता है, दुःख रिसता है
दुःख दरिया बन के है बहता
दुःख ये पूरा चक्रव्यूह है
दुःख रक्खे है मन पर पहरा
दुःख है शांत समंदर जैसा
कोई न जाने कितना गहरा
दुःख निष्ठुर है, दुःख नादाँ है
दुःख तो है निर्दई
दुःख के रंग कई
हँस के हमने गले लगाई
हर इक पीर नई
दुःख के रंग कई

दुःख भी कभी होगा मुस्काता?
दुःख क्या दुःख के गीत है गाता?
दुःख ना जाने कारण कोई
कब दुःख आता, कब दुःख जाता

कुछ अपना कुछ उधार का दुःख
जबसे दुःख का खुल गया खाता
दुःख है पुराने प्रेमी जैसा
भुला दिया भूला ना जाता
सुख के पीछे दुःख का आना
जीवन रीत भई
दुःख के रंग कई
हँस के हमने गले लगाई
हर इक पीर नई
दुःख के रंग कई

रात के ख़ामोश घर के सामने

रात के ख़ामोश घर के सामने
हाथ भर जुगनू धरे हैं शाम ने
फिर से तेरे रास्ते चलता हूँ मैं
फिर पुकारा मुझको तेरे नाम ने
रात के ख़ामोश घर के सामने ...

दिन बताता है ये रात कहती है
दास्ताँ इक दरिया बन के बहती है
रात के इक छोर पर हूँ मैं खड़ा
रात के इक छोर पर तू रहती है
रोज़ तुझ तक है पहुँचना रात भर
ख़्वाब की कश्ती है और लंबा सफ़र
दिल लगाया मसला-ए-तमाम ने
रात के ख़ामोश घर के सामने ...

रात के दरवाज़े पे है ये लिखा
देखती थी मैं तुम्हारा रास्ता
दिन ने मेरे बारे में है क्या कहा
मैं नहीं हूँ ग़ैर मुझको दो बता
जैसे तुम बिछड़े हो बिछड़े हम भी हैं
दूरी क्या होती है मुझको है पता
क्या मुझे कुछ भेजा है गुलफ़ाम ने
रात के ख़ामोश घर के सामने ...

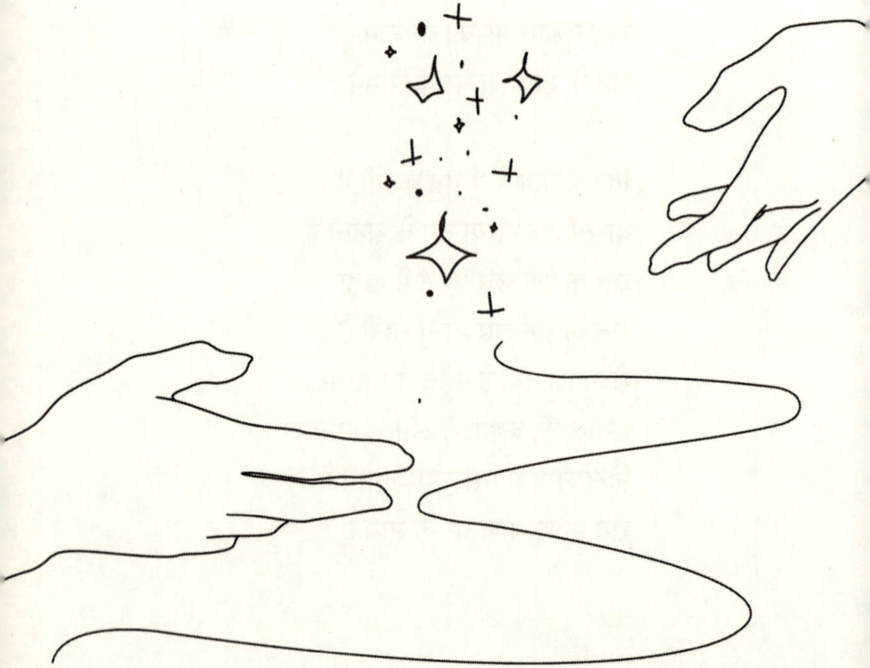

उनका ख़्याल आते ही

उनका ख़्याल आते ही इक और ख़्याल आया
मुद्दत हुई है यार का कोई ना हाल आया

सावन में रुत ना बरसी ना बसंत फूल लाया
तेरे प्यार में तेरे बिन ऐसा भी साल आया

चाहोगे भी तो मुझको अब ढूँढ़ ना सकोगे
माज़ी की क़ैद में मैं ख़ुद को संभाल आया

तस्वीर देखता हूँ हर रोज़ मैं तुम्हारी
क्या तुमको भी कभी यूँ मेरा ख़्याल आया

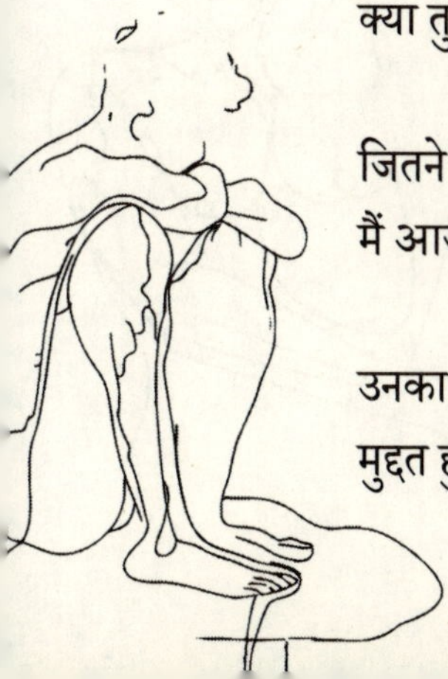

जितने भी ख़त लिखे थे शिकवे शिकायतों के
मैं आज सुबह तेरे दरवाज़े डाल आया

उनका ख़्याल आते ही इक और ख़्याल आया
मुद्दत हुई है यार का कोई ना हाल आया

उग जाऊँगा

मुझको दे दो
थोड़ी-थोड़ी
इश्क़ की माटी
दर्द की बारिश
ओस के आँसू
इंसाँ बनकर
उग जाऊँगा

मुझको दे दो
खाद में लम्हे
याद हवाएँ
बीज में सपने
दुःख की दवाएँ
सुख का पानी
तेरी दुआएँ
इंसाँ बनकर
उग जाऊँगा

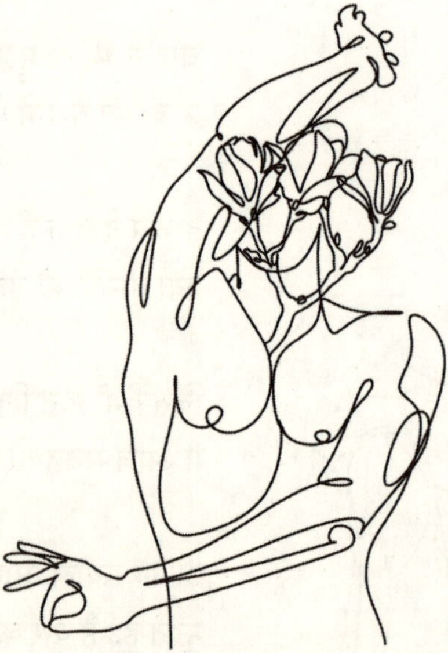

नाउम्मीदी से कहा है मैंने

नाउम्मीदी से कहा है मैंने
मेरे घर अबके बरस ना आना
मुझको रंगना है इन दीवारों को
अब के तू देके दरस ना जाना

नाउम्मीदी से कहा है मैंने
कैसे तू ढूँढ़ती है सबका पता?
क्या दरारें हैं दिल की रेतों पे?
कैसा भूगोल है ये, मुझको बता?
कैसे तू ढूँढ़ती है दरवाज़े
कैसे गलियों के नाम याद तुझे?
कुछ और सपने पूरे कर दे ज़रा
क्यूँ असर ना करे फ़रियाद तुझे?

नाउम्मीदी से कहा है मैंने
कि अगले बरस तू ज़रूर आना
ऊँचे बदक़िस्मती के टीलों से

तू मुझसे मिलने इतनी दूर आना
मुझे ग़ुरूर की ख़ुमारी ना हो
नशे की नींद ज़्यादा अच्छी नहीं
नज़र लगने का बड़ा ख़तरा है
कभी उम्मीद ज़्यादा अच्छी नहीं

नाउम्मीदी से कहा है मैंने
तू मुझे तोड़ ना पाएगी कभी
मेरे इरादों का एक दरिया है
इसको तू मोड़ ना पाएगी कभी
मैं बिखरने का हुनर रखता हूँ
और जुड़ जाना भी आता है मुझे
मैं भटक जाने में भी माहिर हूँ
लौट कर आना भी आता है मुझे

हमारे मन के कमरे में

हमारे मन के कमरे में,
यूँ इक मंज़र अनोखा हो
हवा की तेज़ लहरें हों,
कहीं पानी का झोंका हो
कहीं छत पर कोई सूरज
जो ठहरा कुछ दिनों का हो
हँसी फैली हो मौसम की
कोई ऐसा झरोखा हो
और इक लम्हे की कश्ती पे,
कुछ इस तरह तू बैठी हो
वही मेरी हक़ीक़त हो,
वही नज़रों का धोखा हो
हमारे मन के कमरे में,
यूँ इक मंज़र अनोखा हो

शायद

शायद हम तुम मसरूफ़ थे
शायद तुमसे कुछ वक़्त से
शायद है कुछ, जो ना कह सके
कि तुम ना हो तो हम हैं अधूरे
तुम जो हँसीं, दिल खिल पड़ा
तुम बिन है दिन ख़ाली मेरा
तुम संग हो, कोई ग़म कहाँ?
तुम हो तो फिर कुछ कम कहाँ?

अक्सर तुमको मैं सुनती हूँ
इक ख़ूबसूरत ख़ामोशी में
तुम कहते दिन भर के क़िस्से
उस लहजे में, धीमे-धीमे
अक्सर शरमा जाती हूँ मैं अब भी
तुमने जो ख़ूबसूरत कह दिया
शायद कहती नहीं हूँ जो है अनकहा

शायद मैं सोचूँ तुमने सुन लिया
तुम जो हँसे, दिल खिल पड़ा
तुम बिन है दिन ख़ाली मेरा
तुम संग हो, कोई ग़म कहाँ?
तुम हो तो फिर कुछ कम कहाँ?

शायद बड़े शहर की ख़ुमारी में
शायद रिश्तों की फुलवारी में
भूल गए हम लम्हों का पानी देना
भूल गए इस घर को गुड़ धानी देना
भूल गए बेसाख़्ता संग में हँसना
भूल गए शायद इक दूजे से कहना
तुम जो हँसे, दिल खिल पड़ा
तुम बिन है दिन ख़ाली मेरा
तुम संग हो, कोई ग़म कहाँ?
तुम हो तो फिर कुछ कम कहाँ?

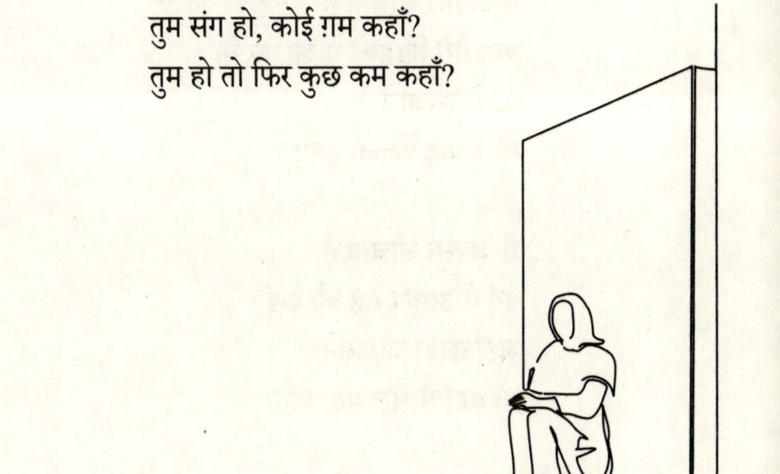

मैं अक्सर सोचता हूँ

मैं अक्सर सोचता हूँ
क्या वो मुझको सोचता होगा?
पलट के देखता हूँ
क्या वो मुझको देखता होगा?

मैं अक्सर सोचता हूँ
क्या मेरी खिड़की पे आ कर के
अधूरे इंतज़ारों के
वो कंकड़ फेंकता होगा?

मैं अक्सर सोचता हूँ
क्यूँ मैं उसकी राह को देखूँ
जहाँ छोड़ा था उसने
वो वहाँ से चल पड़ा होगा

मैं अक्सर सोचता हूँ
सच नहीं है, झूठ ही होगा
वो जैसा दुनिया कहती है
क्या उतना ही बुरा होगा?

मैं अक्सर सोचता हूँ
ऊँचे रोशनदान से शायद
कोई अजनबी मेरी ओर
छुप कर झाँकता होगा

मैं अक्सर सोचता हूँ
कोई ख़ैर-अंदेश वो होगा
मेरी उम्मीद के जो तारे
चढ़ कर टाँकता होगा

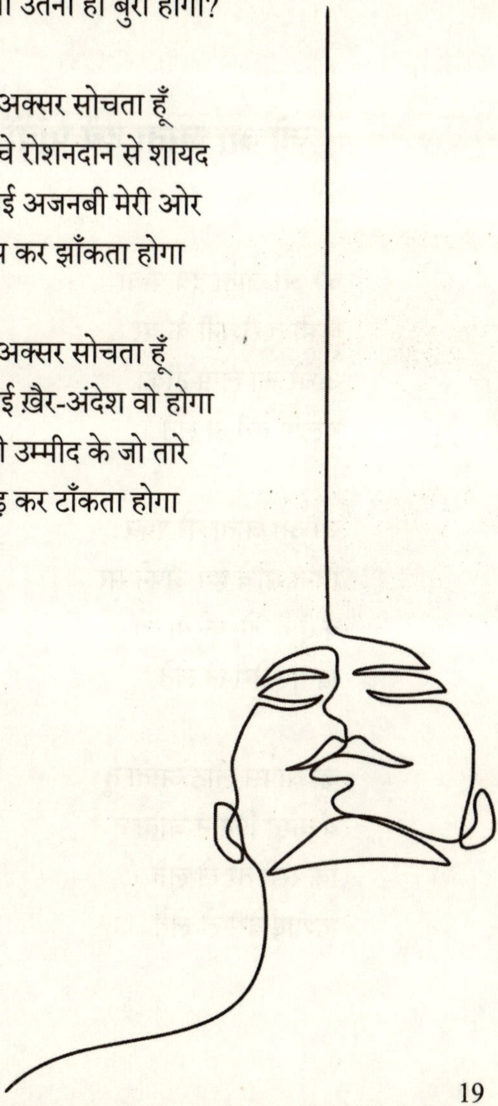

जो आ जाता दबे पाँवों

जो आ जाता दबे पाँवों
कभी तू रौशनी के घर
अँधेरे का लगा टीका
बलाएँ तेरी ले लेते

जो आ जाता मेरे शहर
बिना सोचे हम अपने सर
करी हैं जो, करेगा जो
ख़ताएँ तेरी ले लेते

जो वापस लौट आता तू
यूँ करते फिर न जाता तू
कि रस्ते तेरे ले लेते
दिशाएँ तेरी ले लेते

जो तू इक बार कह देता
अधूरा है हमारे बिन
तो तुझको जोड़ देते हम
ख़लाएँ तेरी ले लेते

जो आ जाता दबे पाँवों
कभी तू रौशनी के घर
अँधेरे का लगा टीका
बलाएँ तेरी ले लेते

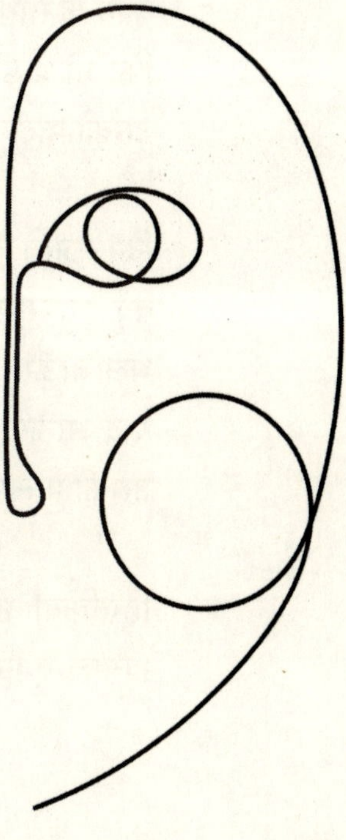

उसको मालूम कहाँ होगा

उसको मालूम कहाँ होगा, क्या ख़बर होगी?
वो मेरे दिल के टूटने से बेख़बर होगी
वक़्त के साथ मेरे घाव भर तो जाएंगे
फिर भी थोड़ी सी तो तकलीफ़ उम्र भर होगी
उसको मालूम कहाँ होगा, क्या ख़बर होगी?

दिन गुज़रते हैं मगर वक़्त ना गुज़रता है
क्यूँ है गुमसुम सा ये, कमबख़्त ना गुज़रता है
भूल जाऊँगा उसे, कोई रात तो होगी
याद आऊँगा मैं, कोई तो दोपहर होगी
उसको मालूम कहाँ होगा, क्या ख़बर होगी?

हिचकियाँ आएँ तो क्या मेरा नाम लेगी वो?
ख़याल-ए-ग़ैर कर के इंतक़ाम लेगी वो?

बेख़याली में क्या तस्वीर थाम लेगी वो?
चाहे थोड़ा सा सही, क्या वो बेसबर होगी?
उसको मालूम कहाँ होगा, क्या ख़बर होगी?
वो मेरे दिल के टूटने से बेख़बर होगी

इक रोज़ बयाबाँ में

इक रोज़ बयाबाँ में
देखा तो था हैराँ मैं
आकाश पे जड़ा था
बादल से जो कूदा था
तेरे ग़म का वो लम्हा था
तन्हाई का मुखड़ा था
इक मोती सा टुकड़ा था
कोई भेस नया धर के
कहीं दूर से उतरा था
कुछ और कहाँ था वो
तेरी आँख का क़तरा था ...

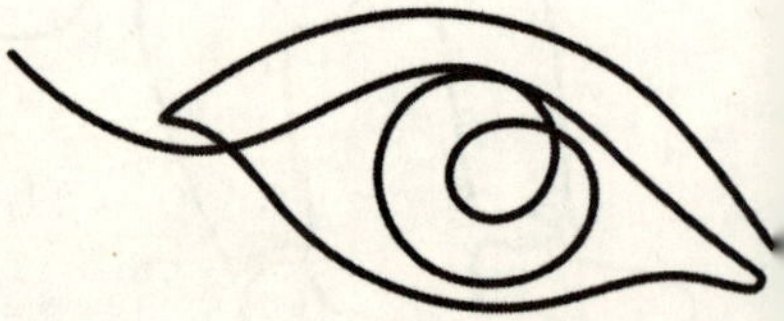

तुम हमें देख कर चले जाना

तुम हमें देख कर चले जाना
हमसे मिलना नहीं, मगर आना
अधूरा इंतज़ार करते हैं
शायद हम अब भी प्यार करते हैं
दूर से लग के तुम गले जाना
तुम हमें देख कर चले जाना
हमसे मिलना नहीं, मगर आना

तुम हमें देख कर सबर करना
लेकिन आने की ना ख़बर करना
अपनी पत्री में है नहीं मिलना
प्यार तुम फिर भी उम्र भर करना
हम तो कुछ भी नहीं दे पाए तुम्हें
टुकड़ा ग़म का ही हमें दे जाना
तुम हमें देख कर चले जाना
हमसे मिलना नहीं, मगर आना

तुम हथेली की मेरी रेखा हो
पूरी हो कर भी नहीं पूरी है
ख़्वाब हो तुम जो नहीं देखा हो
होना आँखों में पर ज़रूरी है
कितना कुछ है जो नहीं कह पाए
सारा सुन लेना तुम, समझ जाना
तुम हमें देख कर चले जाना
हमसे मिलना नहीं, मगर आना

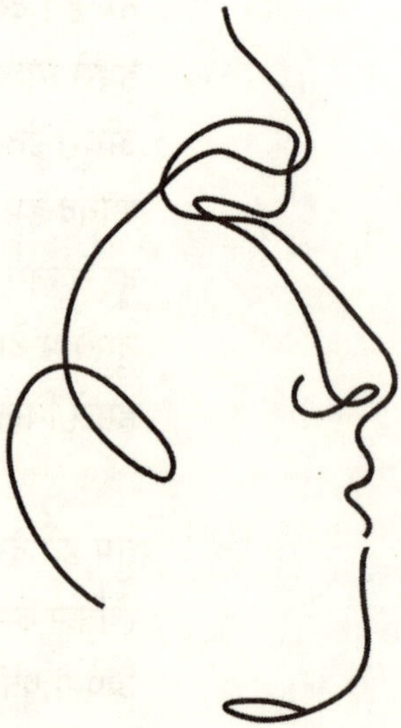

रेत में सर किए

रेत में सर किए
यूँ ही बैठा रहा
सोचा मुश्किल मेरी
ऐसे टल जाएगी
और मेरी तरह
सब ही बैठे रहे
हाथ से अब ये दुनिया
निकल जाएगी

दिल से अब काम लो
दौड़ कर थाम लो
ज़िन्दगी जो बची है
फिसल जाएगी
थोड़ी सी धूप है
आसमानों में अब

आँखें खोलो नहीं तो
ये ढल जाएगी
आँखें मूंदे है ये
छू लो इसको ज़रा
नब्ज़ फिर ज़िन्दगी की
ये चल जाएगी
दिल से अब काम लो
दौड़ कर थाम लो
ज़िन्दगी जो बची है
फिसल जाएगी

रेत में सर किए
यूँ ही बैठा रहा
सोचा मुश्किल मेरी
ऐसे टल जाएगी
और मेरी तरह
सब ही बैठे रहे
हाथ से अब ये दुनिया
निकल जाएगी

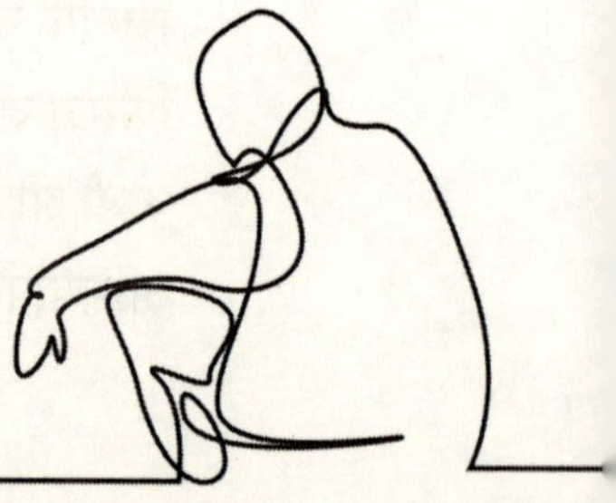

मैं धूप में था, वो छाँव में

मैं धूप में था, वो छाँव में
मैं आसमाँ, वो हवाओं में
थे संग हम फिर भी दूर थे
भँवर थे दोनों के पाँवों में
कभी तो वापस आयेंगे
वो लम्हे ख़्वाबों के गाँव में

वो ख़ूबसूरत सी दोपहर
वो शाम संग तेरे मुख़्तसर
रखा है उस पल का नाम भी
लो हमने अब तेरे नाम पर
चले भी आओ हैं ढूँढ़ते
तुम्हें हज़ारों दिशाओं में
कभी तो वापस आयेंगे
वो लम्हे ख़्वाबों के गाँव में

मैं करवटों में उलझ गया
मैं रात भर कल न सो सका
मैं उसको हर पल हूँ ढूँढ़ता
जो पल हमारा न हो सका
न रोको अब मैं हूँ डूबता
न जाने कैसी ख़लाओं में
कभी तो वापस आयेंगे
वो लम्हे ख़्वाबों के गाँव में

हमारी तकलीफ़ सोच कर
था रोना चाहा, न रो सका
ज़रा से मासूम ख़्वाब का
गले में किरचा अटक गया
है कहने को कितना कुछ मगर
बताओ कैसे सुनाऊं मैं
कभी तो वापस आयेंगे
वो लम्हे ख़्वाबों के गाँव में

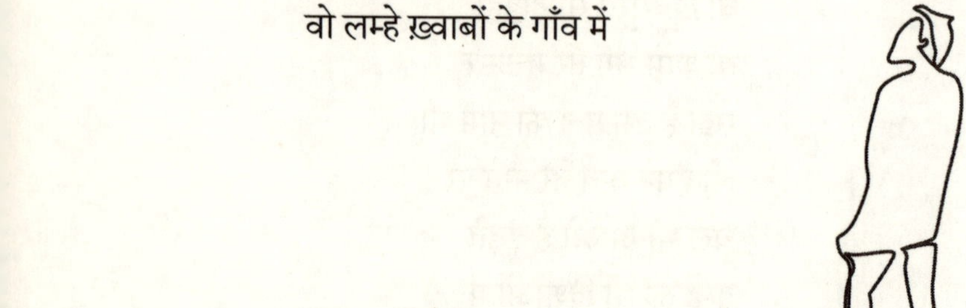

झीनी रे झीनी

अँखियाँ किनारों से जो
बोली थीं इसारों से जो
कह दीजो फिर से तो जरा
भूले से छुआ था तोहे
तो क्या हुआ था मोहे
सुन लीजो फिर से तो जरा
झीनी रे झीनी याद चुनरिया
ले फिर से तेरा नाम लिया
सारे जखम अब मीठे लागे
कोई मलम नहीं काम किया
क्या होवे मोहे दरद ही सोहे
प्रीत में ना बिसराम किया
सूझे ना बूझें कैसे जियरा पहेली
मिलना लिखा ना लिखा, पढ़ ले हथेली
पढ़ ली हथेली पिया, दर्द सहेली पिया
ग़म का है ग़म अब ना हमें

रंग ये लगा है ऐसो, रंगरेज को भी जैसो
रंग देवे अपने रंग में
धूप में झुलस गए, दूरियों से हारे
पार क्या मिलेंगे कभी, छाँव के किनारे
छाँव के किनारे कभी, कहीं मझधारे कभी
हम दोनों फिर से मिलेंगे देखना
तेरे सरहाने कभी, नींद के बहाने कभी
प्रेम का पंखा झलेंगे देखना
झीनी रे झीनी याद चुनरिया
ले फिर से तेरा नाम लिया

काश तुम होते

सोचता हूँ कि काश तुम होते
कम से कम तन्हा ना ये ग़म होते

सोचता हूँ कि वो कैसे टूटा
क्यूँ ना जाना कि रिश्ता कांच का था
गीली मिट्टी की तरह फिसल गया
दोष मिट्टी का था कि हाथ का था?
काश इतने सवाल ना होते
कुछ तो तकलीफ़ज़दा कम होते

सोचता हूँ कि काश तुम होते
कम से कम तन्हा ना ये ग़म होते

सोचता हूँ कि कैसे होगे तुम
जो मिलूँगा तो क्या कहोगे तुम
जो कहूँगा, कि याद करते हो?

सच कहोगे कि चुप रहोगे तुम?
काश फिर यादों के कोहरे होते
काश फिर बातों के मौसम होते

सोचता हूँ कि काश तुम होते
कम से कम तन्हा ना ये ग़म होते

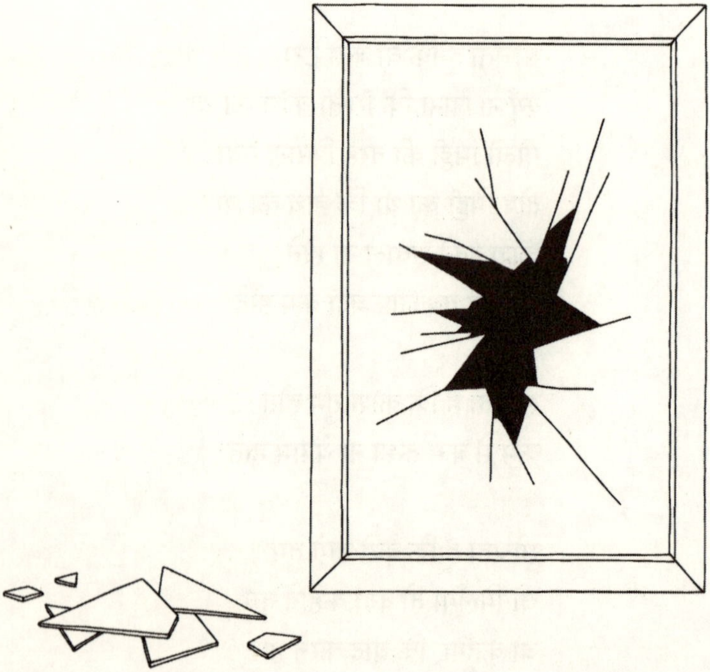

याद का काजल

रात से याद के काजल को मिटाऊँ कैसे?
जिसका दर छोड़ दिया उसको भुलाऊँ कैसे?

तू बुरा है, मुझे ये कह के उसने छोड़ दिया
छोड़ा उम्मीद का यूँ हाथ कि मरोड़ दिया
मैंने भी कांच से पत्थर का वो घर तोड़ दिया
रखा हथेली पे यादों का शहर तोड़ दिया
लेकिन अब सोचता हूँ, ना शहर बचा है ना घर
जाए जो तन्हा मुसाफ़िर तो अब ये जाए किधर?
इस बयाबाँ में अब ना तू है, ना मैं मिलता हूँ
अपना साया हूँ, ख़ुद को ढूँढ़ने निकलता हूँ

उससे नाराज़ हूँ और ख़ुद से भी नाराज़ हूँ मैं
नाम ना ले वो मेरा जैसे हसीं राज़ हूँ मैं
नाम उसका मैं फिर से होंठों पे लाऊँ कैसे?

रूठी उम्मीद को बोलो मैं मनाऊँ कैसे?
रात से याद के काजल को मिटाऊँ कैसे?
जिसका दर छोड़ दिया उसको भुलाऊँ कैसे?

अब शहर-शहर भटकता हूँ, तुझसे दूर हूँ मैं
तू ही कहता था ना मुझसे, तेरा नासूर हूँ मैं
मुझको ना छूना तू, कि अब ज़हर में चूर हूँ मैं
मैं तो पागल फ़क़ीर हूँ, तेरा फ़ितूर हूँ मैं
मैं तो वो ज़ख़्म हूँ तेरा जो ना भरेगा कभी
मैं परिंदा हूँ जो सूरज से जल मरेगा कभी
फिर भी दो बूँद तू आँसू के ना धरेगा कभी
मुझको खोने का तू अफ़सोस ना करेगा कभी

मुझको मालूम है ये सब, है फिर भी इतना पता
सिवाय तेरे, मेरे दिल में और था ही क्या?
राज़ इतना सा है, ख़ुद से ये छुपाऊँ कैसे?
छोड़ना चाहूँ तुझे, छोड़ के जाऊँ कैसे?
रात से याद के काजल को मिटाऊँ कैसे?
जिसका दर छोड़ दिया उसको भुलाऊँ कैसे?

गुलज़ार साहब के जन्मदिन पर

शाम का टुकड़ा
धूप का कोना
सिरा नींद का
मन का बिछौना
उखड़ी-उखड़ी सी दोपहरें
शाम लगाये आँख पे पहरे
रात-महल में ख़्वाब न ठहरे
आज का दिन बेज़ार लिखा है
लेकिन तेरी ग़ज़ल के ज़ेवर
पहन के बदले रात के तेवर
तन्हाई भी अब महफ़िल है
लम्हों पर गुलज़ार लिखा है

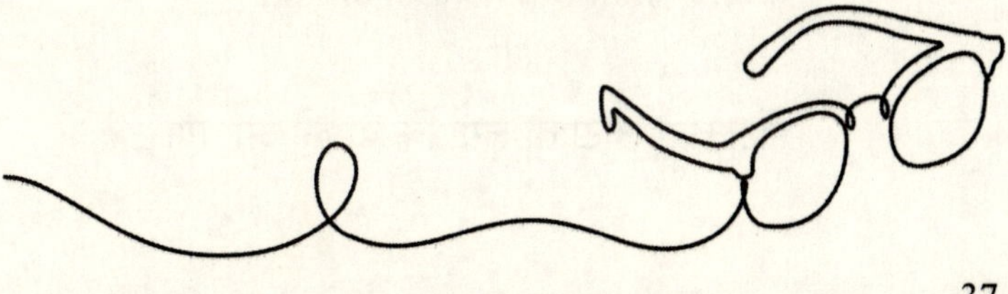

इक अजनबी है

इक अजनबी है अजनबी शहर को आ गया
होटल जो लौटा तो लगा कि घर को आ गया

तन्हाई से मिलना हुआ कितने बरस के बाद
कमबख़्त को करते रहे कितना तरस के याद
कितने ये चेहरे ओढ़ के शहरों में खो गयी
ख़त लिक्खे, पुकारा किये, ख़ामोश हो गयी
इक छोटे से शहर में है शरमा के फिर मिली
"कैसे हो अजनबी?" है ये फ़रमा के फिर मिली
मैं क्या बताऊँ तुमको कि मैं कैसा हूँ क्या हूँ
तुम छोड़ गईं मुझको मैं वहीं पे खड़ा हूँ
इक याद का टुकड़ा मेरे घर भूल आईं थीं
मैं आज ढूँढ़ता उसी मंज़र को आ गया

होटल जो लौटा तो लगा कि घर को आ गया ...

अब लगता है रहता हूँ यहाँ कितने बरस से
अब रोज़ मैं तय करता हूँ जुगनू भरे रस्ते
हल्की सी सर्द है हवा, अक्सर निकलता हूँ
मैं धुंध का कम्बल लपेटे हाथ मलता हूँ
गीली सी कुर्सियों पे रोज़ चाय पीता हूँ
थोड़ा ज़हर भी है, उसे भी घोल लेता हूँ
कैसे संभालूँ मैं मेरी दुनिया मेरे अंदर
कितनी दरारें दिल में हैं, कितने हैं बवंडर
तन्हाई भरे शहरों में उकता सा गया हूँ
ख़ुद से ही ऊब कर मैं इस सफ़र को आ गया

होटल जो लौटा तो लगा कि घर को आ गया ...

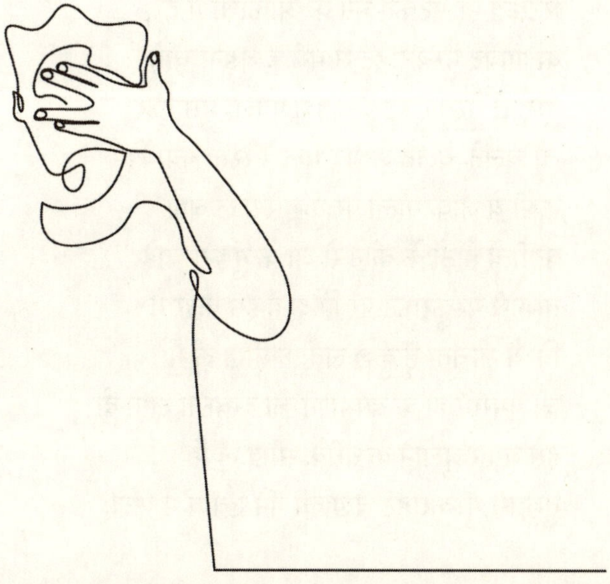

तुम्हारी मुस्कुराहट

तुम्हारी मुस्कुराहट के किसी कोने में शायद
ख़ुशी महसूस करती हो मेरे होने में शायद

तुम्हारी मुस्कुराहट छटपटाती रहती जैसे,
तुम्हारे होंठों से आज़ाद हो के उड़ना चाहे
भटकते ही भटकते मन के आकाशों में तैरे,
या शायद मुस्कुराहट से मेरी है जुड़ना चाहे
तुम्हारी मुस्कुराहट जैसे इक पगला मुसाफ़िर
जो चलते-चलते शायद भूल है रस्ता गया फिर
कभी ये जाके गालों पर तुम्हारे फैल जाए
कभी ये होंठों के कोने से जा के मुड़ना चाहे
तुम्हारी मुस्कुराहट पर फिदा हूँ इस क़दर मैं
कि ये सोचता हूँ कुछ लतीफ़े सीख लूँ मैं
जो गुमसुम हो के ख़ामोशी का दरवाज़ा लगा दो
इसे बाहर बुलाने के तरीक़े सीख लूँ मैं
तुम्हारी मुस्कुराहट चख ली मैंने ख़्वाब में कल

मेरे होंठों के कोनों पे ज़रा सी रह गयी है
जो तुमने कहना चाहा इतना कि तुम कह न पाए
तुम्हारी मुस्कुराहट चुपके-चुपके कह गयी है
तुम्हारी मुस्कुराहट के किसी कोने में शायद
ख़ुशी महसूस करती हो मेरे होने में शायद

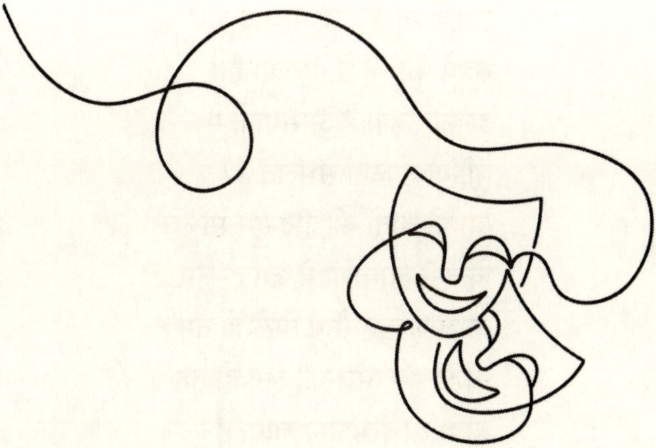

आज फ़ुरसत से यूँ मिले हो तुम

आज फ़ुरसत से यूँ मिले हो तुम
थोड़ा कम अजनबी लगे हो तुम

आज देखा तुम्हारी आँखों में
कितने मासूम ख़्वाब पलते हैं
तो फिर इन होंठों की मुंडेरों पर
लफ़्ज़ क्यूँ सहमे-सहमे चलते हैं?
लफ़्ज़ क्यूँ क़ैद हैं आज़ाद करो
सहमे पंछी हैं ये मचलते हैं
इनको उड़ना है आसमानों में
मुट्ठियों में कहाँ संभलते हैं?
आओ बातों की नींद तुम सो लो
कितनी ख़ामोशी में जगे हो तुम
आज फ़ुरसत से यूँ मिले हो तुम
थोड़ा कम अजनबी लगे हो तुम
थोड़ा सा इत्मीनान लाया हूँ

इसको रख लो कहीं दबा के तुम
हमसे फ़ुरसत के शहर में मिलना
चेहरा हँसता हुआ लगा के तुम
मैं भी तुमको नहीं समझ पाया
और हो नासमझ ज़रा से तुम
तुममे मेरी हैं आदतें थोड़ी
ग़म छुपाते हो मुस्कुरा के तुम
थोड़ा सा अपने ही जैसे हो पर
थोड़ा सा मेरे ही जैसे हो तुम
आज फ़ुरसत से मिले हो तुम
थोड़ा कम अजनबी लगे हो तुम

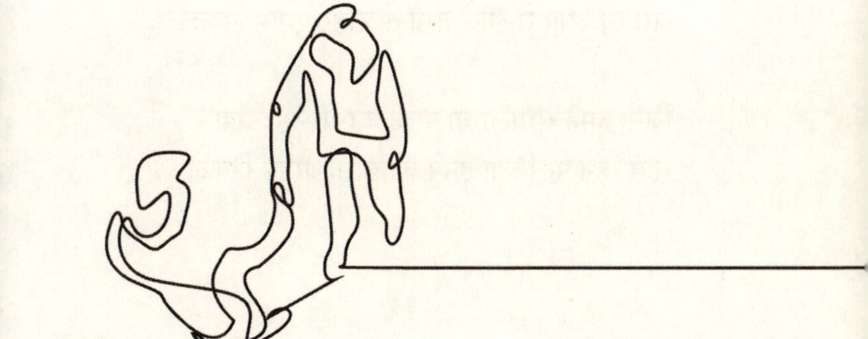

हज़ारों ख़्वाहिशें ऐसी

(मिर्ज़ा ग़ालिब की ज़मीन पर)

हज़ारों ख़्वाहिशें ऐसी, के हर ख़्वाहिश पे दम निकले
बहुत निकले मेरे अरमाँ, लेकिन फिर भी कम निकले

जो दुनिया को चलाते हैं वो छोटे दिल के होते हैं
मेहरबानी भी करते हैं तो वो आख़िर सितम निकले

ये क्या ठहरा है आँखों में, ये तूफ़ाँ है या कश्ती है
ज़रा सा आप रो लीजे तभी तो लहर-ए-ग़म निकले

जिन्हें हमने संभाला था पलट कर भी नहीं देखा
रहम जिन पर किया हमने वो ख़ासा बेरहम निकले

बने हो रहनुमा तुम जो तो बातें रहनुमा सी हों
क़सम खाना कुछ इस तरह के झूठी हर क़सम निकले

हैं तन्हा हम मगर चलते रहेंगे देख लेना तुम
ये दुनिया भी चलेगी कल जहाँ से आज हम निकले

हजारों ख़्वाहिशें ऐसी, के हर ख़्वाहिश पे दम निकले
बहुत निकले मेरे अरमाँ, लेकिन फिर भी कम निकले

एक कहानी और मैं

एक कहानी और मैं
ज़िद पे अड़े
दोनों में से कोई ना
आगे बढ़े
वो है कहती क्या समझता
ख़ुद को तू?
मैं नहीं तो क्या है तू
ऐ नकचढ़े?
वो ये चाहे अपनी क़िस्मत
ख़ुद लिखे
मैंने बोला देखे तुझ
जैसे बड़े
है क़लम मेरी, मैं जो
चाहे लिखूँ!
मेरी मर्ज़ी, जिस तरफ़ ये

चल पड़े!

झगड़ा ना सुलटेगा लगता

सारी रात

देखते हैं होगा क्या जब

दिन चढ़े

हैं हज़ार-एक लफ़्ज़ लिख के

हम खड़े

एक कहानी और मैं

ज़िद पे अड़े

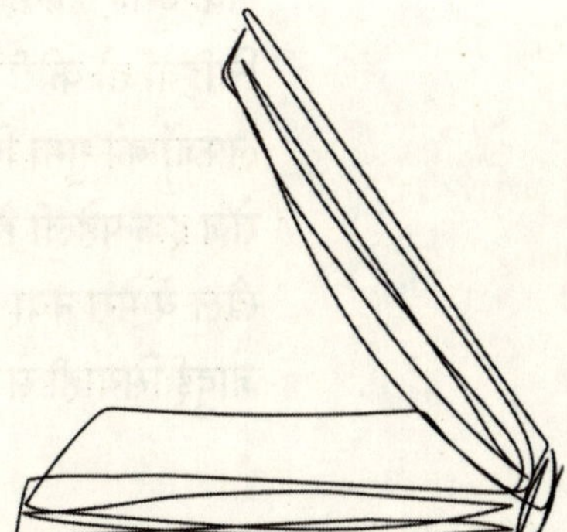

ख़ुद सवाल करते हैं

ख़ुद सवाल करते हैं
ख़ुद जवाब देते हैं
जाने कितने तन्हा हैं
ख़ुद ही मान जाते हैं
ख़ुद से रूठ लेते हैं
जाने कितने तन्हा हैं

आँखों की ये चिट्ठियाँ
लेके आए डाकिया
चिट्ठियाँ तो कोरी हैं
लफ़्ज़ों को गुमा दिया
रोज़ इक पहेली है
खेल ये मेरा नया
जादुई सियाही से

आज उन्होंने क्या लिखा
कैसे ये बतायें उन्हें
लिपटे हैं मन के धागे
दिन भर वो आगे-आगे
पीछे-पीछे आँखें भागें
आधी-आधी बातों की
आँच तो जलाते हैं
ख़ामोशी की सर्दी में
चुप सी ओढ़ लेते हैं
जाने कितने तन्हा हैं

मन की हैं खिड़की खोले
देखें हम सोए जागे
ख़ुद की नज़र कहती है
इनको नज़र ना लागे
सहमी सी दस्तक पे
यूँ नज़र उठाते हैं
जैसे अभी कह देंगे
चलो हम घर आते हैं
थोड़ी-थोड़ी तन्हाई
रोज़ मुझसे ले जाते
कितने लफ़्ज़ हैं उधार
क्यों नहीं चुका जाते

इक नई ज़बाँ में ज्यों
लफ़्ज़ नए सीखे हों
रोज़ याद करते हैं
रोज़ भूल जाते हैं
जाने कितने तन्हा हैं

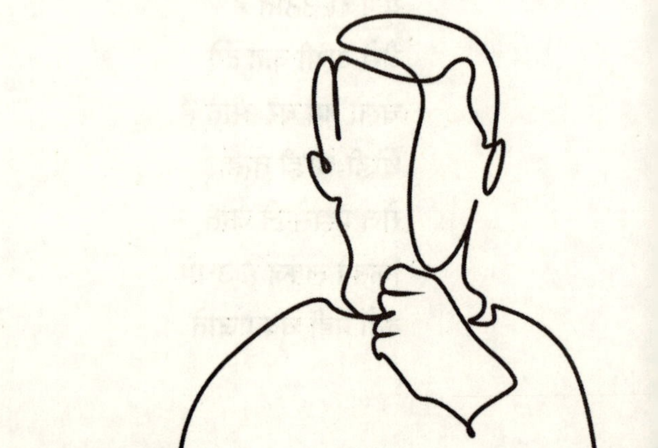

बग़ावत होगी

किसी ने कर दिया छलनी है मुझको
कहीं पे जा के वो बैठा हुआ है
न रो इतना, कि तेरे आँसुओं पे
मेरा क़ातिल कहीं पे हँस रहा है
बचा के रख तू ये तकलीफ़ अपनी
धधकने दे इसे, शोले खिलेंगे
बस इतना कह दे जा के रहनुमा से
बग़ावत होगी इक दिन, तब मिलेंगे

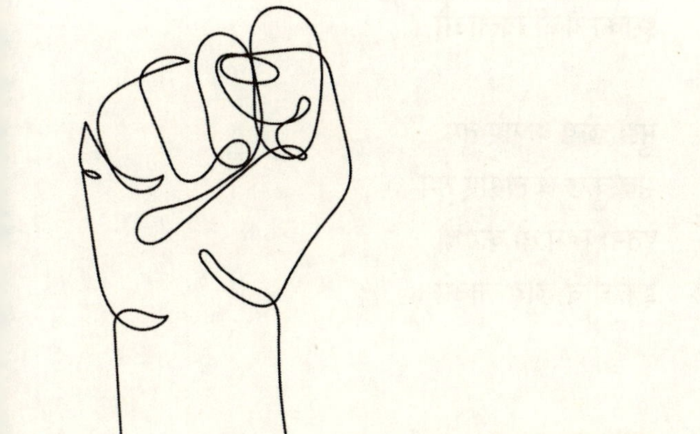

यादों की पहेली

यादों की पहेली को
कुछ इस तरह सुलझाओ
बूझो तो बूझ जाओ
वरना भुलाते जाओ

तुमने भुला दिया है
इतना यक़ीन है पर
मैंने भुला दिया है
इसका यक़ीं दिलाओ

मुझे छोड़ के गए तुम
सब कुछ थे ले गए तुम
इतना रहम तो कर दो
इक घाव छोड़ जाओ

कुछ नफ़रतें पड़ी हैं
कहीं तुम्हारे घर में
मेरा है वो सामाँ तुम
वापस मुझे दे जाओ

मेरा ग़म का ख़ज़ाना है
तेरे पास मुस्कुराहट
अपना जो है ले जाओ
मेरा जो है दे जाओ

यादों की पहेली को
कुछ इस तरह सुलझाओ

घर इतना याद क्यों आता है हमको?

घर इतना याद क्यों आता है हमको?

पहन कर सर्दियों के फूल कोई
मिला करती थी हमसे मुस्कुराकर
है ठंडी फ़र्श पर ज्यों धूप चलती
वो ऐसे नाम लेती थी बुलाकर
रसोई से वो नंगे पाँव आकर
चखा देती थी उस दिन जो बना है
बुज़ुर्गों को पता था इस बखत जो
इधर आएँ तो पहले खाँसना है
उन्हीं हाथों से मेरा माथा छूकर
कोई हौले से सहलाता है हमको
घर इतना याद क्यों आता है हमको?

घर इतना याद क्यों आता है हमको?

मेरे कमरे की दीवारों की सीलन
मेरी आँखों में आकर बस गई है
ये बरसातों की हल्की सी उदासी
मेरी आवाज़ में क्यूँ फँस गई है?
मुझे दहलीज़ अपनी फिर है छूनी
मुझे बारामदे में भीगना है
मेरी यादें वो इक कमरा हो जैसे
जहाँ जाना मुझे शायद मना है
नहीं भाए शहर ये अजनबी सा
ये बेमतलब ही बहलाता है हमको
घर इतना याद क्यों आता है हमको?

घर इतना याद क्यों आता है हमको?

ज़रा दादी की बूढ़ी खाट ढूँढ़ो
मुझे बस आँखें मूँदे लेटना है
मुझे मिट्टी की ख़ुशबू सूंघनी है
और अपने आसमाँ को देखना है
उमस गहरी शहर के जंगलों में
मुझे पगडंडियों पर घूमना है
बग़ल के बाग़ में जाकर अकेले

गिरे आमों को फिर से ढूँढ़ना है
मुझे वापस बुलाता गाँव मेरा
संदेसे रोज़ कहलाता है हमको
घर इतना याद क्यों आता है हमको?

घर इतना याद क्यों आता है हमको?

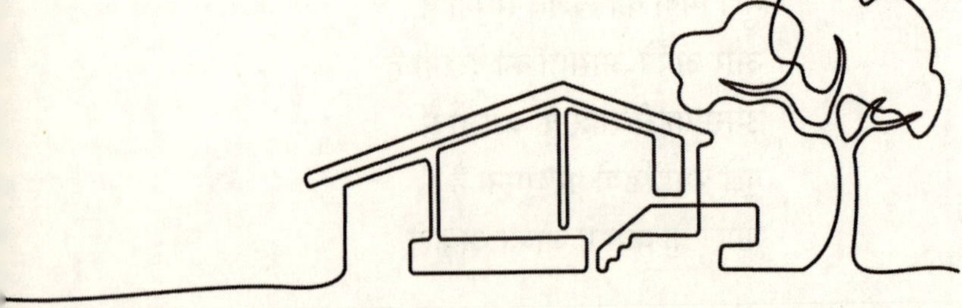

बेतरतीब सा

एक बेतरतीब सा लम्हा तुमको भेज रहा हूँ
रख लेना इसको
इसके कोनों पर मेरे अनकहे लफ़्ज़ जड़े हैं
चख लेना इसको
पढ़ने की मेज़ पे इसको चाहे
सजा के रखना
और देखा करना हँस कर जब
आँखें थक जाएँ
या अलमारी में रखो
बिछे अख़बार के नीचे
पतिदेव से कहना कपूर की
गोली रख जाएँ

इस लम्हे में इक याद है
चाबी से खुलती है
नीयत में हल्की सी

ख़राबी से खुलती है
खुल जा सिमसिम की तरह
नाम मेरा ले लेना
लौटती डाक से
तुम पैग़ाम मेरा ले लेना
अलमारी के दो पल्ले खोल के
शरमा लेना
और फुसफुसा के दो लफ़्ज़ भी
हमसे फ़रमा लेना

मैं भी बुद्धू कैसी-कैसी
बातें करता हूँ
नहीं आता मुझको बिरहा के
क़ानून निभाना
कोई भी कारन, मजबूरी,
कोई हो बहाना
बस इतना सा कहना है
मुझको भूल न जाना

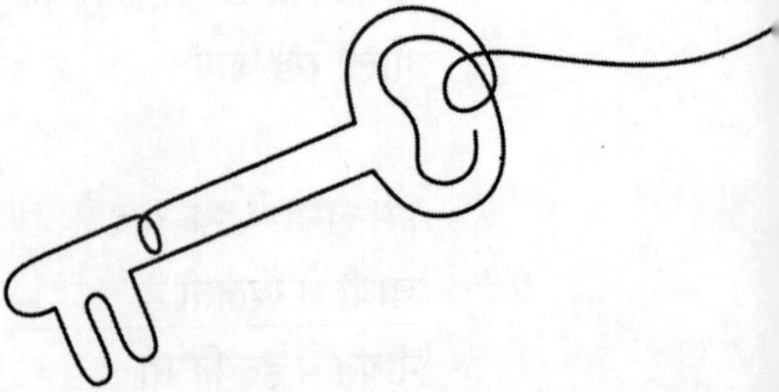

आदत ही कहाँ थी

साथ चलने की मेरे यार को आदत ही कहाँ थी
वो मेरे दिल में था कुछ और ज़रूरत ही कहाँ थी

वो धूप-धूप था मैं छाँव-छाँव चलता रहा
लम्बा इतना था सफ़र मिलने की फ़ुरसत ही कहाँ थी

उसको नफ़रत का न ढब था न सलीक़ा-ए-वफ़ा
मेरा दिल पूछ के तोड़े ये शराफ़त ही कहाँ थी

मुझमें थोड़ा सा तकल्लुफ़ तो हमेशा से रहा
अपने मैं ज़ख़्म दिखाऊँ मेरी फ़ितरत ही कहाँ थी

चाँद बनकर रहा रोशन वो दिल की धरती पर
पास आने दूर जाने की इजाज़त ही कहाँ थी

थोड़ी मुश्किल तो हुई मुझको भुलाने में उसे
पर उसे पूरा भुला दूँ मैं ये चाहत ही कहाँ थी

अपनी दहलीज़ पे बैठे रहे, रस्ता देखा
उसकी दहलीज़ पे जाने की हिम्मत ही कहाँ थी

ख़ूबसूरत ख़ालीपन

सुबह का ये ख़ूबसूरत ख़ालीपन
तेरी यादें, तेरी बातें, मेरा मन
फिर से तेरी बात कोई छेड़ेंगे
हैं जुड़े तुझसे हमारे सब जतन

तेरी ख़ाली हैं अलमारियाँ
बस दो रखे कंगन
तेरी ख़ाली हैं फुलवारियाँ
चुप देखता आँगन
सुबह का ये ख़ूबसूरत ख़ालीपन
तेरी यादें, तेरी बातें, मेरा मन

हमने है सीखा
आसाँ तरीक़ा
है आ गया ग़म छुपाना

है ये पुराना
नुस्ख़ा किसी का
मुश्किल में भी मुस्कुराना

तेरी ख़ाली हैं अलमारियाँ
मेरा ख़ाली है जीवन
तेरे ख़्वाबों की तैयारियाँ
करता अकेलापन
सुबह का ये ख़ूबसूरत ख़ालीपन
तेरी यादें, तेरी बातें, मेरा मन

दास्तान-ए-ग़म-ए-दिल

दास्तान-ए-ग़म-ए-दिल तुझको सुनाएँ कैसे
हम तो रोए हैं बहुत, तुझको रुलाएँ कैसे?

तूने पूछा है इतना ग़मज़दा, तन्हा क्यूँ हूँ?
तुझसे ही हम तेरे तोहफ़ों को छुपाएँ कैसे?

ग़म भुलाने में लगा करती हैं कितनी सदियाँ?
किससे पूछें, ये परेशानी जताएँ कैसे?

दिल कहे तू भी जले इश्क़ में इकतरफ़ा कभी
तुझको तकलीफ़ में पर देख भी पाएँ कैसे?

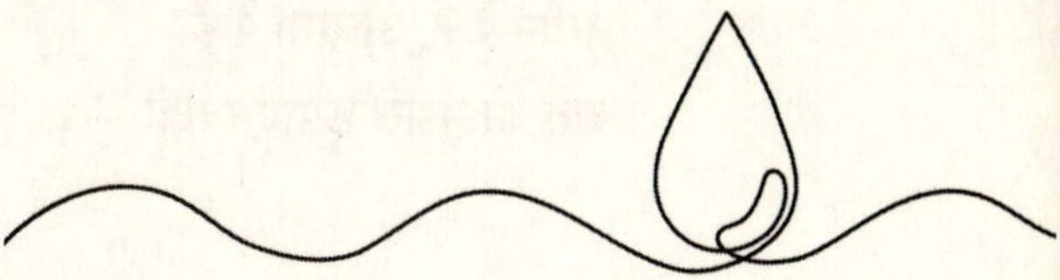

मुस्कुरा कर कभी मिला कीजे

मुस्कुरा कर कभी मिला कीजे
दिल लगाने का हौसला कीजे
मुस्कुरा कर कभी मिला कीजे

मैं तो दहलीज़ आपकी छूने
बिन बताए निकल पड़ा जैसे
गुम था मैं आपके ख़यालों में
चाँद की ओर चल पड़ा जैसे
रोज़ दूरी मैं थोड़ी कम करता
दो क़दम आप भी चला कीजे

मेरी नज़रें जहाँ-तहाँ पे हैं
ज़मीन पे हैं, आसमाँ पे हैं
बातें जो मुझसे छुपाए रक्खीं

बोल दीजे कि वो कहाँ पे हैं
फ़ैसला क्या है आपका कहिए
कोई तो मुझको इत्तिला कीजे

मुस्कुरा कर कभी मिला कीजे
दिल लगाने का हौसला कीजे

तुम कहो चाँद चौकोर कर दें

तुम कहो चाँद चौकोर कर दें
रात कर दें गुलाबी, गुलाबी
तुम कहो सड़कें उल्टी चला दें
इसमें भी है नहीं कुछ ख़राबी
तुम कहो, इंद्रधनुषों को मोड़ें
ये रही आसमानों की चाबी
तुम कहो जुगनुओं को बता दें
अपने घर का नया रास्ता भी
तुमको जो चाहिए माँग लेना
तुम तकल्लुफ़ ना करना ज़रा भी

मुहल्ले ख़ूब हैं
इन आसमानों में
टहल के आना तुम
मेरे ठिकानों में
ख़ामोशी के क़िले में

जाती इक गली
सितारे मिलते हैं
वहाँ दुकानों में
सितारों से अगर मैं
भर लूँ मुट्ठियाँ
मैं चाँदनी वरक़ पे
लिक्खूँ चिट्ठियाँ
जो लफ़्ज़ भेजे थे
तुम्हारे नाम के
वो लफ़्ज़ झाँकते
तुम्हारे कानों में
न मिल सके थे हम
तो अब हैं मिल रहे
सलेटी बादलों के
शामियानों में
जो बात तुमने है
नहीं कही अभी
वो बात तुम कहो
कई ज़बानों में

तुम कहो चाँद बालों में जड़ दें
तुमको दे देंगे तारों का गहना
तुम कहो सर्दी की धूप दे दें
उसको ख़ुद से लपेटे तुम रहना
तुम कहो एक दरिया मँगा दें

मछलियों की तरह उसमें बहना
तुम कहो क्या तुम्हारी रज़ा है?
मुद्दा-ए-इश्क़ पर क्या है कहना
तुम कहो,
तुमको जो चाहिए माँग लेना
तुम तकल्लुफ़ ना करना ज़रा भी

तुम कहो चाँद चौकोर कर दें
रात कर दें गुलाबी, गुलाबी

धरती में हीरे

जैसे बनते होंगे धरती में हीरे
जैसे सूरज डूबे जमना तीरे
जैसे जलती होगी दीप में बाती
जैसे बनते होंगे सीप में मोती
ऐसे धीमे-धीमे प्रीत है होती
प्रीत है होती

दिल का शहर, सूना शहर
तुम आए तो भर गया
इक अजनबी इक दोपहर
मेरे नाम है कर गया
जैसे आकाशों में हंस हैं तैरें
जैसे हौले पाँव आएँ सवेरे
जैसे पलकों-पलकों नींद है आती
जैसे रिस-रिस के है याद सताती
जैसे मिलने ना मिलने की रीत है होती

ऐसे धीमे-धीमे प्रीत है होती
प्रीत है होती

सौ शामों की तन्हाइयाँ
तुमपे निछावर करीं
धड़कन थकीं, राहें तकीं
तरकीबें अक्सर करीं
जैसे तारे गिनना कोई सीखे
जैसे देखें शामें साथ किसी के
जैसे उलझे-उलझे सुलझें धागे
जैसे छाँव है चलती धूप के आगे
जैसे मन हारें तो जीत है होती
ऐसे धीमे-धीमे प्रीत है होती
प्रीत है होती

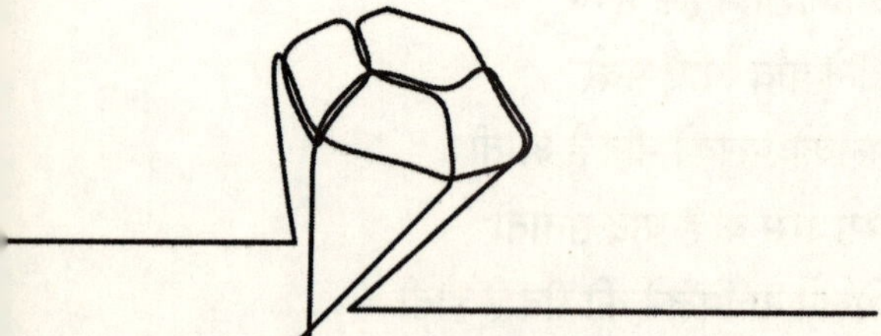

ज़मीं पे तारे बिखर गए हैं

ज़मीं पे तारे बिखर गए हैं
ये रंग सारे बिखर गए हैं
ये लफ़्ज़ क्या-क्या थे तुमसे कहते
ये बे-सहारे बिखर गए हैं

मैं जैसे पानी तू मेरी धरती
मैं बहता रहता, तू थामा करती
हूँ तेरे बिन मैं भटकता दरिया
मेरे किनारे बिखर गए हैं

ग़मों के नीले समंदरों में
इन आँसुओं के भँवर गए हैं
है इतना गहरा ये दर्द मेरा
कि हम बेचारे बिखर गए हैं

हथेलियों में हथेलियाँ थीं
तो इश्क़ में क्यों पहेलियाँ थीं
यूँ हाथ खींचे हैं तुमने हमसे
यक़ीं हमारे बिखर गए हैं

ये मेरे आँसू हैं गर्म पारा
ये राख कर देंगे घर तुम्हारा
नहीं है आना पलट के हमको
तेरे शहर से गुज़र गए हैं

है तुमने तोड़ा यूँ हँस के हमको
कि टूट कर हम सँवर गए हैं
जो ना रहे हम और दुनिया ढूँढ़े
तो सबसे कहना वो घर गए हैं

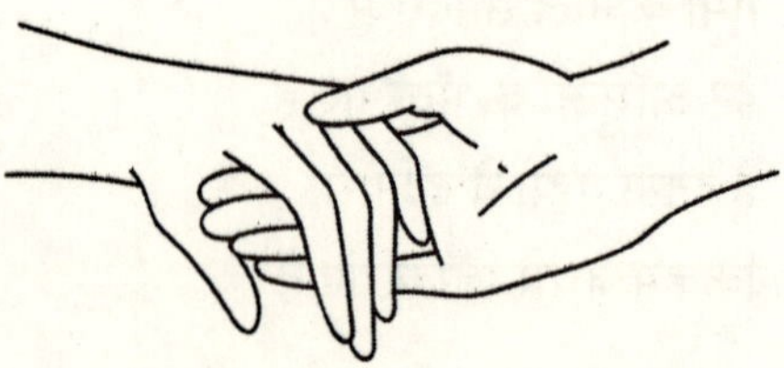

एक पंख की तितली उड़ने चली

एक पंख की तितली उड़ने चली
आसमाँ हँसता है ओ पगली
एक पंख की तितली उड़ने चली
आसमाँ हँसता है ओ पगली

तीली-तीली सीली-सीली नज़र जली
क़िस्मत की है धार नुकीली करमजली
लिपट-लिपट कर लपट-लपट है जल निकली
हँस के जीभ पे रख ली विष की डली
एक पंख की तितली उड़ने चली
आसमाँ हँसता है ओ पगली

हौले-हौले, ख़्वाहिशों की डगर चली
धीमे-धीमे, हसरतों के शहर चली
दिल को टटोले, लफ़्ज़ों को तोले बावली
चलते-चलते पहुँची ख़्वाबों की गली
एक पंख की तितली लो उड़ चली
आसमाँ पे हँसती ये पगली

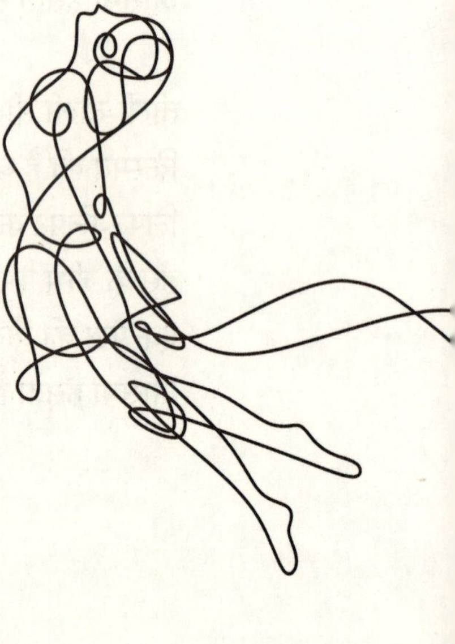

यादें वही हैं

छज्जे पर कोई रूठा खड़ा है
नुक्कड़ से कोई मना रहा है
सुस्त शहर ये धीमे-धीमे
याद का मंज़र दिखा रहा है
इक दराज़ में, एक डायरी में
प्यार अधूरा क़ैद कहीं है
छोटे शहर का इश्क़ मर्ज़ वो
जिसका कोई वैद नहीं है
दूर देस में इक बेटा है
किसी गली में माँ रहती है
फ़ोन ना उठता, मैसेज है करती
खाना खाया? माँ कहती है
धूप शहर में छाँव बसे है
परदेसों में पाँव बसे हैं
दूर समंदर पार कहीं पर

मेरी याद के गाँव बसे हैं
चाय के प्याले याद हैं तुझको?
ताँगे वाले याद हैं तुझको?
मेरे शहर की भीड़ में तन्हा
उड़ने वाले याद हैं तुझको?

गाँव के मेले याद हैं मुझको
चाट के ठेले याद हैं मुझको
उससे मिलने को शिव मंदिर
जाना अकेले याद है मुझको
मीटिंग में फिर फ़ोन आया है
हैलो पापा, मैं थोड़ा बिज़ी हूँ
यार अपने ईमेल का पासवर्ड देख ना
फिर से भूल गया हूँ
बातें नयी हैं
यादें वही हैं
वक़्त है बढ़ गया
और हम यहीं हैं

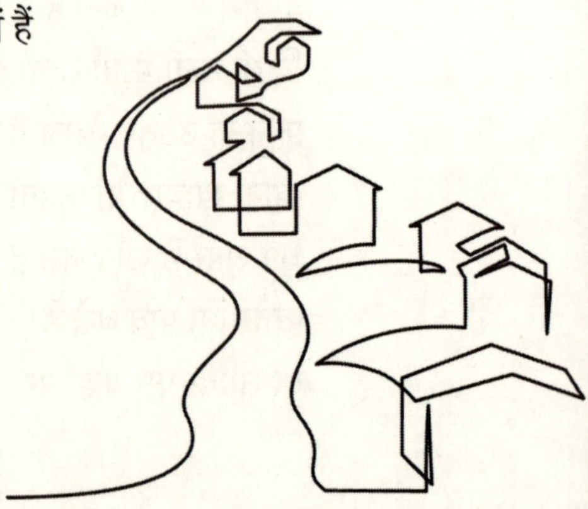

दुनिया भर का ग़म

मैं दुनिया भर का ग़म लेकर चला हूँ
समझ वाले कहें कि बावला हूँ
कमी मुझमें बहुत है, जानता हूँ
मैं थोड़ा सा बुरा, थोड़ा भला हूँ
मैं दुनिया भर का ग़म लेकर चला हूँ

मेरी आँखों में आ जाते हैं आँसू
कभी बेवक़्त, कभी बेवजह ही
कभी शामें हैं लातीं इक उदासी
कभी लगता है ख़ालीपन सुबह ही
ख़ला दिल में बहुत गहरा हो जैसे
मेरे लफ़्ज़ों पे इक पहरा हो जैसे
ग़ुबार इक टीस का उठता हो जैसे
आँख के कोने पे ठहरा हो जैसे

मैं ऐसा तो नहीं होता था पहले
ये बंजर धरती कोई चुग गया है
है रेगिस्तान पत्थर का जहाँ पर
वहाँ शायद कोई दिल उग गया है

मेरी दुनिया नहीं है सिर्फ़ मुझ तक
मेरे दुःख आज छोटे हो गए हैं
मैं चेहरे औरों के अब हूँ पहनता
कहीं गुम सब मुखौटे हो गए हैं

है मैंने औरों की दुनिया में झाँका
इकट्ठा थोड़ा-थोड़ा ग़म किया है
बहुत मैं ख़ास था, ये सोचता था
ग़लतफ़हमी को मैंने कम किया है
मैं अब तकलीफ़ को पहचानता हूँ
मैं अब इंसान बेहतर बन गया हूँ

मैं दुनिया भर का ग़म लेकर चला हूँ
समझ वाले कहें कि बावला हूँ
कमी मुझ में बहुत हैं, जानता हूँ
मैं थोड़ा सा बुरा, थोड़ा भला हूँ
मैं दुनिया भर का ग़म लेकर चला हूँ

इतने नाराज़

इतने नाराज़ क्यों रहते हैं आजकल हमसे
जब भी मिलते हैं तकल्लुफ़ से ही क्यों मिलते हैं?
आपके होंठों का आकार धनुष जैसा है
इसलिए लफ़्ज़ों के ये तीर इतने चलते हैं

आपकी इन हथेलियों में जो लकीरें हैं
मुझको लगता है ये मेरी ही तो तक़दीरें हैं
इनसे कह दीजे कि ये ख़ुद को संभालें थोड़ा
आपके हाथ मेरे हाथ से फिसलते हैं

ये ज़रूरी नहीं कि जिसको चाहें मिल जाए
या कि हर बार सही शख़्स पे ही दिल जाए
साँप सीढ़ी का खेल है ये मोहब्बत लेकिन
जो ना हिम्मत करें वो सिर्फ़ हाथ मलते हैं

ऐसा क्या कह दिया क्या आ गई है आफ़त भी
कह दो नाराज़ भवें सीख लें शराफ़त भी
माथे के बलों पे क्या-क्या ख़याल पलते हैं?
धुँध की रात में तारे नहीं निकलते हैं

इश्क़ का दाँव ये लगता है बड़ा पेचीदा
मगर ये ख़ब्त है मेरी बड़ी पसंदीदा
अब तजुर्बा है हमें भोले नहीं हैं अब हम
झूठी मुस्कान से अब हम नहीं बहलते हैं

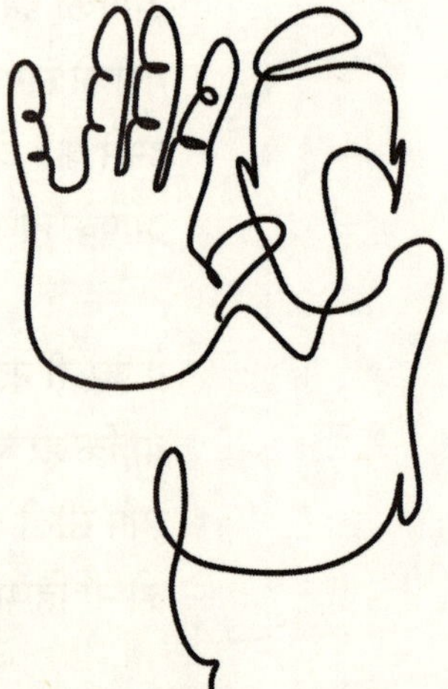

माज़ी

इक दिन मुझको मेरा माज़ी
मिल के बोला क्या नाराज़ी
जो कहना वो तुम क्यों ना पूछते?
मैंने पूछा मेरी ज़िन्दगी
दोबारा जो तुम्हें मिलती
तो फिर इसमें तुम क्या-क्या बदलते?

क्या कोई नया चेहरा होता मेरा?
गालों पे गड्ढा हल्का सा होता
कोई निशाँ चोट का गहरा होता मेरा?
क्या क़िस्सा कोई कहतीं कँचई सी आँखें?
इक और जनम सी लगती हैं सारी बातें
क्या दूर किसी परदेस में जन्मा होता मैं?
जो ये ना होता मैं तो आख़िर क्या होता मैं?
मेरे नाम, धरम से क्या मुझको नफ़रत मिलती?
या पैसे वाला होता मैं, इज़्ज़त मिलती?

दुःख होते क्या, इस से कम या इस से ज़्यादा?
या दुःख दे के ख़ुश रहने को होता आमादा?
क्या ग़लतियाँ मैंने जो कीं वो ना करता?
अफ़सोस मेरी आँखों में ऐसे ना भरता?
कुछ खो गया जो मेरा वापस दे जाते क्या?
कोई दर्द नए दे जाते?
सपना दिखलाते क्या?

इक दिन मुझको मेरा माज़ी
मिल के बोला क्या नाराज़ी
जो कहना वो तुम क्यों ना पूछते?
मैंने पूछा मेरी ज़िन्दगी
दोबारा जो तुम्हें मिलती
तो फिर इसमें तुम क्या-क्या बदलते?

मेरी कड़वाहट के कोने

मेरी कड़वाहट के कोने शायद
इतने नहीं नुकीले होते
दो लफ़्ज़ प्यार के कह देता
तो नैन कभी ना गीले होते

तू ढूँढ़ जो देता इक दरिया
जहाँ अपने दर्द डुबोने होते
ना तुझसे बैर कोई होता
ना इतने जादू-टोने होते
ना रेगिस्तान अकेलेपन का
ना ग़म के ऊँचे टीले होते
मेरी कड़वाहट के कोने शायद
इतने नहीं नुकीले होते

इक लापरवाह-सा बादल जो
मुझ पर लाकर बरसा देता
तो होंठों पर लिपटा पानी
मुझे स्वाद अपने घर-सा देता
दे देता हाथ हथेली में
रस्ते ना यूँ पथरीले होते
मेरी कड़वाहट के कोने शायद
इतने नहीं नुकीले होते

जो मरते थे इक दूजे पे
उनकी मत मारी जाती है
क्यूँ इश्क़ में डूबे लोगों में
अक्सर दूरी आ जाती है
या मीठा थोड़ा तू होता
या हम थोड़े शर्मीले होते
मेरी कड़वाहट के कोने शायद
इतने नहीं नुकीले होते

मेरे गाँव के हैं दस्तूर अलग
तेरे गाँव के अलग क़बीले हैं
ये लोग जो अपना कहते हैं

ये लोग बड़े ज़हरीले हैं
ये प्यार मुहब्बत के सौदे
काश इतने ना ख़र्चीले होते
मेरी कड़वाहट के कोने शायद
इतने नहीं नुकीले होते

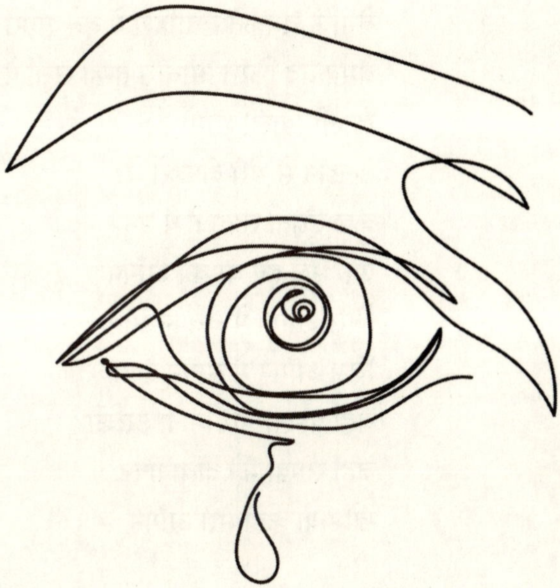

मेरा आँगन

बेबाक चमकते ख़्वाहिश में डूबे शहरों में
बेमक़सद फिरते आवारा तन्हा रस्तों पे
ख़ाली-ख़ाली शामों में
उलझन से भरी दोपहरों में
कुछ ढूँढ़ता रहता है ये मन
एक भूले हुए घर का आँगन
जिस आँगन में बचपन सीखा
जिस आँगन में सावन देखा
जहाँ पहली बार मिला उसको
जहाँ सीखा मैंने दीवानापन
खो गया कहाँ मेरा आँगन

उस आँगन में पड़ोसी के
आम के पेड़ का साया था
उस आँगन में माँ ने पाँवों में

आलता लगाया था
उस आँगन में रोई थी दीदी
और मैं भी बिदाई में
वहाँ छोटी की मालिश हुई ख़ूब
बूढ़ी एक चटाई पे
वहाँ होली में रंगों की फ़र्श पे
सब कैसे लोटे थे
वो आँगन ही सब कुछ था
हम सब जब से छोटे थे
वो आँगन धुरी मेरी दुनिया की
मैंने हर ग्रह को खोजा वहीं से
मैंने तारे गिने लेटे-लेटे
मैंने सपने बुने जादुई से
ख़ूबसूरत से घर में हूँ रहता
ज़िन्दगी में कोई अड़चन नहीं है
पर मेरे घर में क्यारी नहीं है
और मेरे घर में आँगन नहीं है
मेरा तेईसवीं मंज़िल पे घर है
मेरा दिल दफ़्न शायद उधर है
जहाँ आँगन में मेरी जड़ें हैं
जहाँ भूले से लम्हे पड़े हैं

तन्हाई

या तो तन्हाई कहीं बह जाए
या उनकी बात हमसे कह जाए
आँख में आँख डाले देखती है
बाज़ुओं में संभाले देखती है
ना ये जाए है ना बिरह जाए
ना ही तकलीफ़ की गिरह जाए
या तो तन्हाई कहीं बह जाए
या उनकी बात हमसे कह जाए ...

या तो तन्हाई मुई मर जाए
बच के जाए कोई किधर जाए
पुलिस वालों की तरह घूरती है
सेल्ज़मैनों की तरह ताक़ती है
पीछे साये की तरह चलती है

यक़बयक़ पास में टहलती है
बहस ये करती है वक़ीलों सी
कुछ भी हो इसकी ना जिरह जाए
या तो तन्हाई कहीं बह जाए
या उनकी बात हमसे कह जाए ...

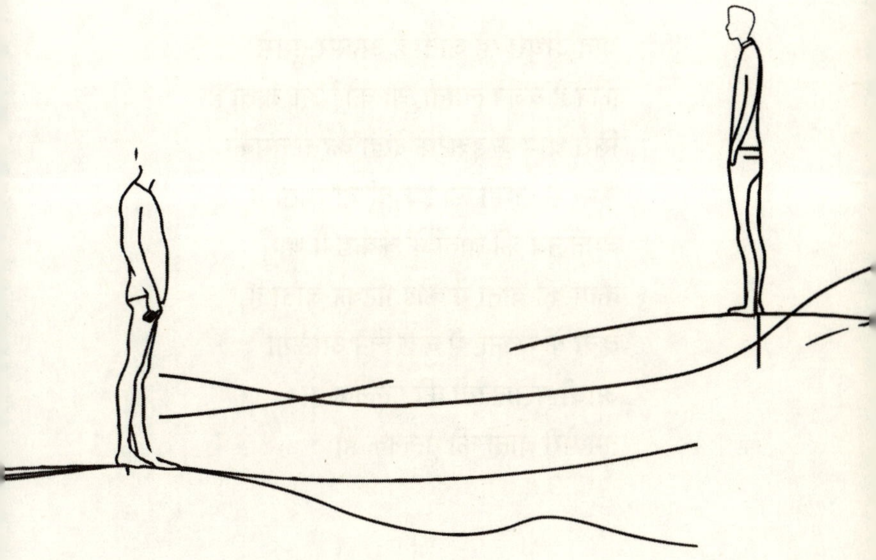

बातों की गुल्लक

जो दिल में है
सब कुछ मैं तुमसे कह पाता हूँ
तुम मेरी बातों की गुल्लक हो

बात अधूरी रह जाती है अक्सर तुमसे
फ़ोन है बजने लगता, या कोई आ जाता है
सिरा थाम के इकटक देखा करता तुमको
कमरे से लम्हों का इक दरिया जाता है
बेमतलब की बातों के कंकड़ मैं थामूँ
काम की बातों में कोई भटका जाता है
बचा के रखना, मैं कुछ लेने आऊँगा
आधी मुलाक़ातों की गुल्लक हो
तुम मेरी बातों की गुल्लक हो

खिड़की से देखा करता हूँ मैं बारिश को
चुपके से कह देता हूँ हर फ़रमाइश को
तुम जब होती हो तो जान कहाँ हो पाती
मेरे हर चालाक जतन, हर एक साज़िश को
यूँ ही थोड़े इतनी सुंदर लगती हो तुम
बालों में हूँ सजा के आया इक ख़्वाहिश को
जिनमें संग तुम्हारे कभी मैं भीग ना पाया
मेरी उन बरसातों की गुल्लक हो
तुम मेरी बातों की गुल्लक हो

बकवासपरस्ती

चल सर से सर टकराते हैं
चल सड़क पे नोट लुटाते हैं
चल मोटे स्केच पेन से इक दिन
हम चाँद पे पेड़ बनाते हैं
जो हँसना भूल गए उनको
गुदगुदी ज़रा करवाते हैं
चल लड़की छेड़ने वालों पे
हम सीटी ज़रा बजाते हैं
पानी में दूध मिलाया क्यूँ?
चल भैंस से पूछ के आते हैं
नुक्कड़ पे ठेले वाले से
चल मुफ़्त समोसे खाते हैं
चल गीत बेतुके लिखते हैं
और गीत बेसुरे गाते हैं

क्या करना अकल के पंडों का
हमें ज्ञान कहाँ हथकंडों का?
चल बेअक्ली फैलाते हैं
चल बातें सस्ती करते हैं
बकवासपरस्ती करते हैं!
बकवासपरस्ती करते हैं!

चल तारों का बिज़नेस करके
सूरज से रिच हो जाते हैं
उस पैसे से मंगल ग्रह पे
एक प्राइमरी स्कूल चलाते हैं
चल रेल की पटरी पे लेटे
हम ट्रेन की सीटी गिनते हैं
चल किसी ग़रीब के बच्चे की
सपनों की लंगोटी बुनते हैं
चल इनकम टैक्स के अफ़सर से
"क्यूँ है इनकम कम?" कहते हैं
मुस्कान ज़रा फ़ेंक आते हैं
वहां जिस घर में ग़म रहते हैं
चल यूँ ही झगड़ा करते हैं
और फिर झगड़ा सुलटाते हैं
जो हमको समझे समझदार
उसका चेकअप करवाते हैं

चल बोरिंग-बोरिंग लोगों से
बेमतलब मस्ती करते हैं
बकवासपरस्ती करते हैं!
बकवासपरस्ती करते हैं!

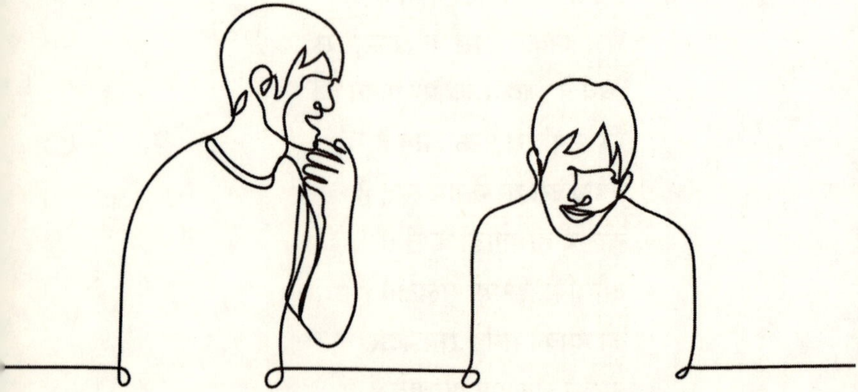

जहाज़

जहाज़ उतरा ही था कुछ मिनट पहले
आसमानों से
मुझे ये लगा जैसे घूरते थे
सब मकानों से
उड़ी होंगी कई चिंगारियाँ
सीमेंट पर शायद
वो ठंडी रबड़ ने जब छुआ होगा
बेसबर शायद
इसी तरह तो आशिक़ टूट कर
मिलते हैं आशिक़ से
मुसाफ़िर दूर से आते हैं जब कर के
सफ़र शायद
मुझे मालूम है कि दूर जाना
कैसा होता है

सदा गुमसुम भटकना बेठिकाना
कैसा होता है
बरफ़ जैसे बिछी खिड़की से बाहर कोई
जब जागे
सिरफ़ बादल हज़ारों मील तक और
उस से भी आगे
मैं आइसलैंड में इग्लू में बैठा
झाँकता तन्हा
अकेलापन पैंतीस हज़ार फ़िट पे
फाँकता तन्हा
मैं कितना सोचता हूँ, कैसी मेरी
कल्पनाएँ हैं
कई लाखों बरस मैंने बस अपने
संग बिताए हैं
उतर कर फ़्लाइट से फ़ौरन नहीं
स्विच ऑन किया फ़ोन
मैं किसको "लैंडेड" का मैसेज भेजूँ
राह देखे कौन?

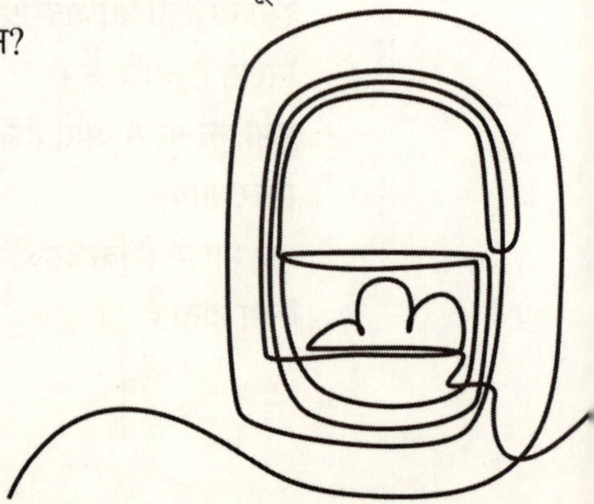

ये भी लिये जाना

तेरे लफ़्ज़ खुरदुरे से
तेरी बात नुकीली सी
तेरा कहा कसैला सा
तेरी सोच ये मैली सी
जाते-जाते मेरी जाँ
तू ये भी लिये जाना

इक मुट्ठी चिनगारी
इक मुट्ठी में काँटे
है शोर बड़ा सर में
ले आऊँ सन्नाटे
कुछ है जो जलता है
कुछ है जो बुझ गया
तू आग है मैं पानी
सब आधे हैं बाँटे

आधा होके पूरा होगा
ये मेरा फ़साना
जाते-जाते मेरी जाँ
तू ये भी लिये जाना

तेरे लफ़्ज़ों की किरचें
जड़ दी हैं दीवारों पे
लम्हों के तिलचट्टे
घूमे हैं हज़ारों में
इश्क़ों के हकीमों ने
भेजी इक चिट्ठी है
दिल मसल मेरा देखा
बस सूखी मिट्टी है
एक टूटा खिलौना है
किसी काम नहीं आना
जाते-जाते मेरी जाँ
तू ये भी लिये जाना

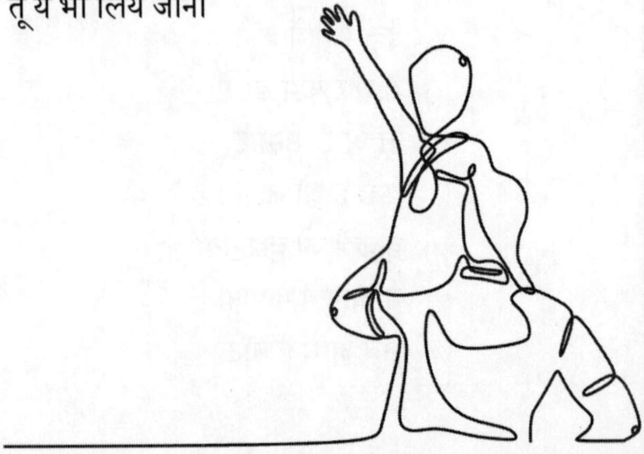

इतने गुमसुम नहीं दिखा कीजे

मुस्कुरा दीजे कभी बेवजह
हमसे इतना भी ना गिला कीजे

आग का दरिया फाँद आया हूँ
दो क़दम आप भी चला कीजे

एक धीमा ज़हर है तन्हाई
ऐसे तन्हा तो ना रहा कीजे

प्यार करता हूँ, दोस्ती ना कहें
ऐसे हँस के ना बद्दुआ कीजे

काम की बातें अब नहीं करनी
बे-इरादा कभी मिला कीजे

माना ख़ामोशी एक ज़ेवर है
दिल में जो है कभी कहा कीजे

दिल लगाने में, दिल दुखाने में
चन्द लम्हों का फ़ासला कीजे

ये नये मौसमों की आहट है
हल्के से झाँक भी लिया कीजे

मुस्कुराऊँ जो मैं तो कह दीजे
इतने गुमसुम नहीं दिखा कीजे

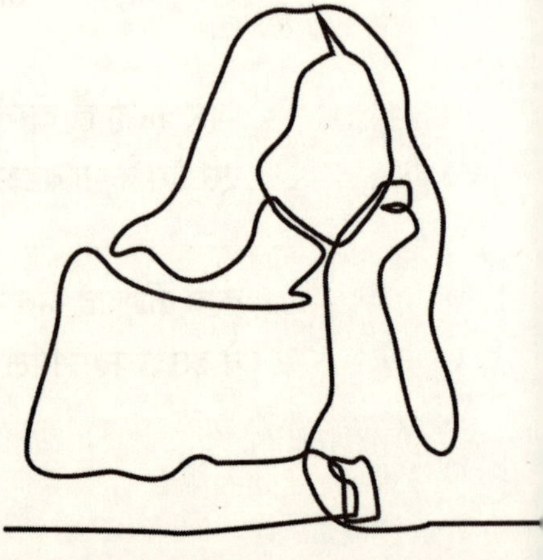

शुक्रिया

किसी को कविता लिखने, सुनने, सुनाने का शौक़ कहाँ से आता होगा, ये तो न्यूरोसाइंटिस्ट और मनोवैज्ञानिक ही बता सकते हैं। बाक़ी सारा वातावरण एक हो, लेकिन एक ही परिवार में एक भाई कविता लिखता हो और दूसरा नहीं, ऐसा क्यों होता है? वैसे मेरे परिवार में मसला अलग था – मुझसे अट्ठारह मिनट छोटे, मेरे जुड़वाँ भाई शैलेश का दावा है कि असल में हम दोनों में से कविता लिखना पहले उसने शुरू किया था, ग्यारह साल की उम्र में, एक शादी की दावत के दौरान लिखी इस कालजयी रचना के साथ:

मेरी प्लेट है मालामाल
इसमें है सब्ज़ी और दाल
ये है उन्नीस सौ बयासी का साल
जिसमें आया विनोबा भावे का काल

उसके इस दावे पर हमारे परिवार में वर्षों से कोर्ट केस चल रहा है। इस फ़ौजदारी के बावजूद शैलेश को ढेर सारा शुक्रिया कि मेरे जीवन के शुरुआती, बाल-सुलभ रचनात्मकता के दिनों में, कभी कविता लिखना-लिखवाना, कभी स्टील की कटोरियों में पानी भर के जलतरंग की तरह बजाते हुए उन दिनों की मशहूर ग़ज़लों को अपनी आवाज़ में गाकर टू-इन-वन पर रिकॉर्ड करना, कभी घर पर चादरों के पर्दे बना कर रामलीला करना – हर तरह की रचनात्मक गतिविधि में वो मेरा 'पार्टनर इन क्राइम' रहा।

शुक्रिया मेरी पत्नी यामिनी मिसरा का, जिन्होंने मेरे सारे रचनात्मक ढकोसलों के लिए हमेशा जगह बनी रहने दी। किसी भी क्रिएटिव व्यक्ति का जीवनसाथी होना बहुत मुश्किल काम होता है।

शुक्रिया मेरी माँ निर्मला मिसरा का, जिन्होंने अपनी डायरी में गीत लिख कर मुझे मुखड़े-अंतरे, रदीफ़-क़ाफ़िया और बहर की दुनिया से अनजाने में परिचय करवाया। इन गीतों को वे ढोलक बजा कर गाती थीं। उनका सितंबर 2023 में देहांत हो गया लेकिन मृत्यु के एक महीने पहले उन्होंने बड़े उत्साह से कुछ गाने रिकॉर्ड किए जो हमने अपने म्यूज़िक लेबल 'स्लो म्यूज़िक' पर रिलीज़ किए हैं।

शुक्रिया मेरी दोस्त डॉ. नीलिमा पांडेय का, जिन्होंने स्कूल के दिनों से आज तक के हमारे परिचय में मेरे लेखन का हमेशा ख़ूब सारा उत्साहवर्धन किया, कई गीत साथ में लिखे, और गीत लिखने के इस सफ़र के शुरुआती दिनों में इसे कुछ समय का शौक़ बनने से बचाया।

शुक्रिया मशहूर गायिका शिल्पा राव का, जो कभी हमारे बैंड, 'बैंड कॉल्ड नाइन' की लीड सिंगर रहीं और जिन्होंने छोटे-बड़े प्रयासों से मेरी गीतों को लिखने की यात्रा में अमूल्य योगदान दिया।

हमारे सह-प्रकाशक वेस्टलैंड बुक्स का ख़ूब शुक्रिया कि उन्होंने एक इंप्रिंट शुरू करने के हमारे सपने को जीवंत रूप देने में हमारे साथ साझेदारी की। शुक्रिया वेस्टलैंड बुक्स की प्रकाशक कार्तिका वी.के. और वेस्टलैंड बुक्स के इंप्रिंट एका की प्रकाशक मीनाक्षी ठाकुर, उनकी टीम की संपादक पल्लवी सिंह और डिज़ाइन हेड सौरभ गर्ग का। इनके बिना इस किताब में जान नहीं आ पाती।

गोवा
18 नवंबर 2024

स्लो इंप्रिंट एक हिस्सा है नीलेश मिसरा द्वारा स्थापित "द स्लो मूवमेंट" का, एक अभियान जिसकी कोशिश है कि साफ़-सुथरे कॉन्टेंट, उत्पादों और अनुभवों के माध्यम से अपने सदस्यों को ठहराव, सहजता और मन की शांति दे। नीलेश मिसरा की रेडियो और डिजिटल माध्यमों पर सुनाई गई कहानियाँ, गाँव कनेक्शन के ज़रिये गाँव से सरोकार बढ़ाना, स्लो बाज़ार के माध्यम से ग्रामीण उत्पादों को शहरी लोगों तक पहुँचाना, स्लो म्यूज़िक के ज़रिये लोक संगीत और लेखन-प्रमुख संगीत को आगे बढ़ाना, इस प्रयास का हिस्सा हैं।

स्लो इंप्रिंट किताबों की एक श्रृंखला है जो फ़िक्शन और नॉन-फ़िक्शन साहित्य आप तक पहुँचाएगी। इसमें काल्पनिक कहानियाँ, गीत-कविताएँ, साक्षात्कार, यात्रा वृतांत और बाल-साहित्य शामिल होंगे।

नीलेश मिसरा की दुनिया से जुड़ने के लिए स्कैन करें
नीचे दिया गया **QR** कोड

स्लो इंप्रिंट की अन्य किताबें